Daniel Koch

Joomla!-Templates

Daniel Koch

Joomla!-Templates

Professionelle Vorlagen mit CSS

entwickler.press

Daniel Koch
Joomla!-Templates. Professionelle Vorlagen mit CSS

ISBN: 978-3-86802-139-4

Ein Imprint der Software & Support Media GmbH

Bibliografische Information Der Deutschen Bibliothek
Die Deutsche Bibliothek verzeichnet diese Publikation in der Deutschen Nationalbibliografie; detaillierte bibliografische Daten sind im Internet über http://dnb.ddb.de abrufbar.

Ihr Kontakt zum Verlag und Lektorat:
Software & Support Media GmbH
entwickler.press
Darmstädter Landstraße 108
60598 Frankfurt am Main
Tel.: +49 (0)69 630089-0
Fax: +49 (0)69 630089-89
lektorat@entwickler-press.de;
http://www.entwickler-press.de

Lektorat: Theresa Vögle, Corinna Neu
Korrektorat: Frauke Pesch
Copy-Editor: Nicole Bechtel
Satz: Franziska Sponer
Umschlaggestaltung: Maria Rudi
Belichtung, Druck und Bindung: Media-Print Informationstechnologie GmbH, Paderborn

Inhaltsverzeichnis

1 Das Grundlayout entwerfen

Die Funktionsweise von Joomla! basiert auf Templates. Bevor gezeigt wird, wie sich Templates entwickeln lassen, werfen wir einen Blick auf deren Funktionsweise. Am besten stellen Sie sich ein Template wie eine Schablone vor. Diese Schablone dient als Vorlage, in die dann die relevanten Inhalte geladen werden. Das Template definiert das HTML-Layout der Webseite. An den Stellen, an denen die Joomla!-Funktionalitäten hinzukommen sollen, stehen Platzhalter. Diese Platzhalter werden, wenn die Webseite im Frontend generiert wird, durch echte Inhalte ausgetauscht.

Ein solches Template-System hat für Sie als Seitenbetreiber enorme Vorteile. Denn schließlich können Sie ein und dieselbe Seite per Mausklick in völlig verschiedenen Designs anbieten.

So sieht das Beispiel-Template aus

Die folgende Syntax zeigt eine vollständige HTML-CSS-Kombination, die im weiteren Verlauf dieses Buchs als Grundlage dienen wird.

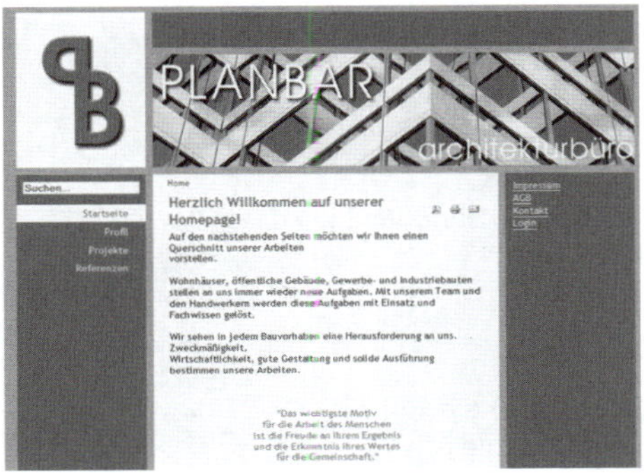

Abbildung 1.1: Ein einfaches Grundlayout für den Aufbau des Templates

Wichtig sind beim Anlegen einer solchen Datei zwei Dinge:

- Strukturieren Sie die Datei
- Kommentieren Sie die Datei

Das gilt übrigens sowohl für die HTML- als auch für die CSS-Datei. Und einen weiteren Punkt gibt es noch. Es ist bereits mehrfach angeklungen, dass tabellenlose Layouts eigentlich die Königsdisziplin in Sachen CSS sind. Da es sich um ein Joomla!-Template-Buch und eben nicht um eines zum Thema CSS handelt, finden Sie nachfolgend eine CSS-Datei, die Sie als Basis für Ihr eigenes Template-Spaltenlayout verwenden können. Das erleichtert erfahrungsgemäß den Einstieg in die Thematik.

Dabei werden im folgenden Listing ausschließlich solche Elemente berücksichtigt, die für das Layout des Templates entscheidend sind.

```
<!DOCTYPE html>
<html xmlns="http://www.w3.org/1999/xhtml" xml:lang="de-de"
                                                lang="de-de" >
<head>
<title>Planbar</title>
<link rel="stylesheet" href="css/template.css"
                                            type="text/css" />
</head>
<body>
<!-- Das ist der äußere Container -->
<div id="wrapper">
<!-- Das ist der Kopfbereich -->
<div id="topwrapper">
    <div id="corporatelogo"></div>
    <div id="topright">
      <div id="topmen">Das obere Men&uuml;</div>
      <div id="toplogo"></div>
    </div>
    <div class="clear"></div>
  </div>
<!-- Das ist das Ende des Kopfbereichs -->
<!--Das ist der mittlere Hauptbereich -->
<div id="mainwrapper_full">
```

```
    <div id="leftwrapper">
      <div id="men">
        <div class="moduletable_menu">
          <ul class="menu">
            Linke Spalte
          </ul>
        </div>
      </div>
    </div>
    <div id="contentwrapper_full">
<div id="content">Das ist der eigentliche Inhalt</div>
</div>
    <div id="rightwrapper">
      <div class="moduletable">Die rechte Spalte</div>
    </div>
    <div class="clear"></div>
</div>
  <!--Das ist das Ende des mittleren Hauptbereichs -->
<!-- Das ist der Fußbereich -->
  <div id="footer">&copy; PlanBar 2014</div>
<!-- Das ist das Ende des Fußbereichs -->
</div>
<!--Ende des äußeren Containers -->
</body>
</html>
```

Die CSS-Syntax sieht folgendermaßen aus:

```
/*
###########################################################
### TEMPLATE FÜR JOOMLA #####
###########################################################
*/
html, body {
   font: 100.01% trebuchet ms, arial, helvetica, sans
serif;
   line-height:15px;
   background-color:#72bed9;
   color:#272727;
}
```

```
/*
#############################################################
### ALLGEMEINE EINSTELLUNGEN #####
#############################################################
*/
* {
   margin:0px;
   padding:0px;
   list-style-image:none;
   list-style-position:outside;
   list-style-type:none;
}
img, table {
   border: none;
}
/*
############################################################
### CONTAINTERSTRUKTUR #####
############################################################
*/
#wrapper {
   width:860px;
   margin:auto;
   min-height:350px;
   padding-top:10px;
   padding-bottom:10px;
   font-size:0.9em;
   line-height:1.1em;
}
#topwrapper {
   width:860px;
   height:220px;
}
#corporatelogo {
   width:180px;
   height:100%;
   background:transparent
   url('../images/firmenlogo.jpg') no-repeat left top;
   float:left;
}
```

```
#topright {
   width:670px;
   margin-left:10px;
   height:100%;
   float:left;
}
#topmen {
   width:670px;
   margin-bottom:10px;
   height:50px;
   background-color:#0081af;
   color:#fff;
   text-align:right;
}
#toplogo {
   width:670px;
   height:160px;
   background:transparent
   url('../images/toplogo.jpg') no-repeat left top;
   color:#fff;
}
#mainwrapper_full {
   margin-top:10px;
   width:860px;
   min-height:260px;
   background:transparent
   url('../images/bg_02.gif') repeat-y left top;
}
#leftwrapper {
   width:180px;
   float:left;
}
#men {
   color:#fff;
   width:100%;
   text-align:center;
}
#contentwrapper {
   width:630px;
   float:left;
```

```
    margin-left:30px;
    padding-bottom:10px;
}
#contentwrapper_full {
    width:440px;
    float:left;
    margin-left:30px;
    padding-bottom:10px;
}
#rightwrapper {
    margin-left:40px;
    width:160px;
    float:left;
    color:#fff;
    padding-top:10px;
}
#footer {
    margin-top:10px;
    background-color:#0081af;
    color:#fff;
    font-size:0.9em;
    width:100%;
    text-align:center;
    padding-top:10px;
    padding-bottom:10px;
}
/* Zum Abschließen von Float-Konstrukten */
.clear {
    clear:both;
    height:0px;
    width:0px;
    font-size:0.0em;
    visibility:hidden;
}
/*
/* Ende */
```

2 Die Template-Dateien und -Verzeichnisse

Prinzipiell lässt sich festhalten, dass die Joomla!-Templates sehr einfach strukturiert sind. Dabei gilt, dass sich alle in diesem Kapitel beschriebenen Techniken sowohl für Frontend- wie auch für Backend-Templates nutzen lassen. Somit spielt es also keine Rolle, ob Sie für einen Kunden ein personalisiertes Backend entwickeln oder das Design der Webseite neu gestalten müssen.

2.1 Die Schritte zum Template

Nachdem das Grundlayout Ihres Templates steht, geht es mit der eigentlichen Definition des Templates weiter. Dabei hat sich in der Praxis gezeigt, dass immer eine bestimmte Reihenfolge eingehalten werden sollte.

1. Legen Sie zuerst das Grundlayout innerhalb der PHP-Datei so an, wie Sie es auch bei einer statischen HTML-Seite tun würden.
2. Passen Sie den *head*-Bereich der Seite an.
3. In die CSS-Datei werden die ersten CSS-Klassen aufgenommen, über die das Grundlayout der Seite gesteuert wird.
4. Nun geht es an den Joomla!-Inhalt. Fügen Sie Module etc. ein.
5. Nachdem feststeht, welche Module und Positionen verwendet werden, können Sie die XML-Datei definieren.
6. Jetzt wird die CSS-Datei mit Klassen für Module erweitert.
7. Den krönenden Abschluss bildet das Anlegen der Vorschaugrafik. Dann muss das Template-Archiv gepackt werden.

2.2 Die benötigten Verzeichnisse

Die Templates liegen innerhalb des *templates*-Verzeichnisses der Joomla!-Installation. Dabei besitzt jedes Template unterhalb von *templates* ein eigenes Verzeichnis. Insgesamt stellt sich die Template-Struktur üblicherweise folgendermaßen dar:

[Joomla!]/templates/[Name des Templates]

[Joomla!]/templates/[Name des Templates]/css/

[Joomla!]/templates/[Name des Templates]/html/

[Joomla!]/templates/[Name des Templates]/javascript/

[Joomla!]/templates/[Name des Templates]/language/

[Joomla!]/templates/[Name des Templates]/images/

Dank einer solchen Struktur ist das Template gut für mögliche Erweiterungen gerüstet, die man in Zukunft vielleicht noch einbauen möchte. Zu den genannten Verzeichnissen finden Sie in Tabelle 2.1 noch ein paar Hinweise.

Verzeichnis	Hinweise
css	Innerhalb von *css* liegen sämtliche CSS-Dateien des Templates. Die zentrale CSS-Datei nennt man dabei üblicherweise *template.css* (bzw. *template_rtl.css* für Von-rechts-nach-links-Definitionen). Der Name *css* ist dabei für das Verzeichnis zwar nicht vorgeschrieben, hat sich mittlerweile aber als Quasistandard etabliert.
html	In diesem Verzeichnis liegen die speziellen Views für die gewünschten Erweiterungen. Anhand dieser Views kann die Standardausgabe überschrieben werden. Die Methode *JView->loadTemplate* lädt dabei gegebenenfalls die Dateien aus diesem Verzeichnis. Alles, was im Zusammenhang mit den Overrides geschieht, wird innerhalb dieses Verzeichnisses definiert.

javascript	Wenn Sie JavaScript verwenden, sollten Sie alle Skripte in dieses Verzeichnis auslagern. Zudem sollten Sie die im Standardumfang mitgelieferten JavaScript-Bibliotheken verwenden und nicht unbedingt neue Versionen einsetzen. Das könnte zu Konflikten bei der Ausführung führen. Prinzipiell können Sie Ihre Skripte an jeder beliebigen Stelle abspeichern, es muss im Template nur richtig auf sie verwiesen werden. Übersichtlicher ist es aber, wenn Sie alle Skripte in einem zentralen *javascript*-Verzeichnis speichern.
language	In diesem Verzeichnis liegen die Sprachdateien des Templates. Denn in der Tat lassen sich auch Templates mehrsprachig gestalten.
images	In diesem Verzeichnis werden üblicherweise die Grafiken, die zum Template gehören, gespeichert. Handelt es sich um Templates für den Administrationsbereich, legt man normalerweise auch noch die Unterverzeichnisse *header*, *toolbar* und *menu* an. In diesem Fall ist dann aber unbedingt darauf zu achten, dass die Grafiken per CSS-Syntax referenziert werden. Nur so können die Erweiterungen auf die Bilder zugreifen, ohne dass sie deren exakten Namen wissen. Das Verzeichnis für die Bilder muss nicht unbedingt *images* heißen, dieser Name hat sich mittlerweile aber etabliert.

Tabelle 2.1: Die Struktur von Verzeichnissen

Neben den genannten Verzeichnissen sind auch einige Dateien vorgeschrieben. Diese befinden sich alle auf der obersten Ebene des Template-Verzeichnisses und werden auf den folgenden Seiten vorgestellt.

2.3 Die Template-Dateien von Joomla!

Neben einer festen Verzeichnisstruktur gibt es auch einige Dateien, die vorhanden sein müssen bzw. sollten. Hier folgt erst einmal ein kurzer

Überblick, im weiteren Verlauf dieses Kapitels gibt es natürlich noch detailliertere Informationen dazu.

- *index.php*: Dreh- und Angelpunkt des Templates ist die *index.php*. Das ist die eigentliche Template-Datei, in der neben dem HTML-Grundgerüst auch die PHP-Befehle definiert sind, die später dynamisch durch die CMS-Inhalte ersetzt werden.
- *templateDetails.xml*: In dieser XML-Datei wird der Grundaufbau des Templates beschrieben. Keine Bange: XML-Kenntnisse schaden zwar nicht, sind für das Anlegen dieser Datei aber nicht erforderlich. Wichtig ist die *templateDetails.xml* vor dem Hintergrund, dass der Joomla!-Installer aus dieser Datei die Informationen darüber zieht, welche Verzeichnisse für das Template angelegt werden sollen. Darüber hinaus enthält diese Datei auch Informationen über die Position der Module.
- *component.php*: Joomla! bietet die Möglichkeit, Inhalte ohne „umgebende" Elemente wie Navigation oder Kopfzeile auszugeben. Genutzt wird das beispielsweise für die Druck- und die Seite-weiterempfehlen-Funktion. Die *component.php* ist sozusagen eine abgespeckte *index.php*.
- *error.php*: Hierüber können eigene Fehlerseiten definiert werden, die sichtbar sind, wenn im Frontend fehlerhafte Aufrufe erfolgen, also beispielsweise ein Seite-nicht-gefunden-Fehler angezeigt wird.
- *template.css*: Auch wenn das Template mehrere CSS-Dateien besitzen kann: Diese hier ist vorgeschrieben. Innerhalb dieser Datei werden die Formatierungen für Klassen und IDs definiert.
- *offline.php*: Unter *System/Konfiguration* haben Sie die Möglichkeit, die Website in den Offlinemodus zu schalten. Die Darstellung dieser Offlineseite können Sie selbst bestimmen. Kopieren Sie sich dazu am besten die *offline.php* aus dem System-Template in Ihr eigenes Template-Verzeichnis und passen Sie diese Datei Ihren Wünschen entsprechend an.
- *favicon.ico*: Hierüber wird ein Favicon eingebunden. Bei Favicons handelt es sich um kleine Symbole, die neben der Adresszeile eines

Browsers angezeigt werden. Diese 16 x 16 Pixel großen Icons waren ursprünglich eine Microsoft-Erfindung, sie werden mittlerweile aber von den meisten Browsern unterstützt. Favicons lassen sich beispielsweise auf der Seite *http://www.favicon-generator.de/* erstellen.

- *template_thumbnail.png*: Hierbei handelt es sich um eine Vorschaugrafik des Layouts, das ist einfach ein Screenshot der Seite. Normalerweise sollte die Grafik eine Größe von 206 x 150 Pixeln haben. Ganz wichtig: Das Grafikformat PNG ist Pflicht, GIF und JPEG funktionieren nicht.
- *template_preview.png*: Das ist eine größere Variante der Template-Vorschau. Die Dateimaße sollten ca. 800 x 600 Pixel betragen.

Diese Dateien müssen vorhanden sein, damit das Template funktioniert, es kann aber noch weitere Dateien geben. Welche das sind, wird im weiteren Verlauf dieses Kapitels gezeigt.

Direkten Dateiaufruf verhindern

Sie sollten in jedem der Template-Verzeichnisse eine *index.html* anlegen. Diese Datei verhindert das direkte Aufrufen der Verzeichnisse.

```
<!DOCTYPE html>
<html>
<head>
<meta charset="UTF-8">
</head>
<body bgcolor="#fff">
</body>
</html>
```

2.4 Details zur index.php

Die grundlegende Template-Logik ist in der *index.php* hinterlegt. In dieser Datei wird der eigentliche Inhalt ausgegeben, sie steuert die Module, bindet die CSS-Dateien ein, sie ist also tatsächlich das Herzstück eines jeden Templates. Auf diese Datei sollte von außen niemals direkt zugegriffen werden können. Daher notieren Sie am Anfang der Datei immer Folgendes:

```
<?php
defined('_JEXEC') or die;
?>
```

Es wird überprüft, ob die Joomla!-eigene Konstante *JEXEC* vorhanden ist. Diese Konstante setzt Joomla! automatisch, sobald eine Seite aufgerufen wird. Versucht jemand, eine so ausgestattete Datei direkt aufzurufen, wird eine Fehlermeldung ausgegeben. Diese Abfrage sollte in Joomla! am Anfang jeder PHP-Datei stehen!

2.4.1 Angaben zum Dokument

Zunächst müssen Sie sich für den gewünschten Dokumenttyp entscheiden, der über die so genannte Dokumenttypdeklaration angegeben wird. So ist in der XHTML-Spezifikation und deren DTD (Document Type Definition – Dokumenttypdeklaration) festgelegt, welche Elemente und Attribute innerhalb eines XHTML-Dokuments verwendet werden dürfen. Bei der Validierung eines XHTML-Dokuments wird dann überprüft, ob es den Regeln für einen Dokumenttyp entspricht. Über die Angabe der DTD wird also bestimmt, auf welchen Sprachschatz sich die Datei bezieht. Ich gehe nachfolgend von einem HTML5-Dokument aus: `<!DOCTYPE html>`

Im *html*-Element der *index.php* sollte die Dokumentsprache angegeben werden. Das geschieht über die beiden Attribute *lang* und *xml:lang*. Man sollte stets beide Attribute verwenden, da XHTML-Parser im Zweifelsfall das Attribut *xml:lang* bevorzugen, das von reinen HTML-Parsern nicht interpretiert wird.

```
<!DOCTYPE html>
<html xmlns="http://www.w3.org/1999/xhtml" lang="de-de"
                                          xml:lang="de-de">
```

Die im Joomla!-Backend eingestellte Sprache lässt sich über *$this->language;* auslesen. Somit können Sie die Dokumentsprache jeweils dynamisch ermitteln und ins *html*-Element übernehmen.

```
<!DOCTYPE html>
<html xmlns="http://www.w3.org/1999/xhtml" xml:lang="<?php
        echo $this->language; ?>" lang="<?php echo $this->
                                            language; ?>" >
```

Die PHP-Platzhalter werden im Frontend automatisch durch die entsprechenden Sprachkürzel ersetzt. Ist die Sprache Deutsch, sieht der im Frontend generierte Quellcode folgendermaßen aus:

```
<!DOCTYPE html>
<html xmlns="http://www.w3.org/1999/xhtml" lang="de-de"
                                          xml:lang="de-de">
```

Dem *lang*- und dem *xml:lang*-Attribut wurden als Wert jeweils *de-de* zugewiesen. Anders sieht das Ganze aus, wenn Englisch eingestellt wird. Dann nämlich ergibt sich folgendes Bild:

```
<!DOCTYPE html>
<html xmlns="http://www.w3.org/1999/xhtml" lang="en-gb"
                                          xml:lang="en-gb">
```

Neben dem „dynamischen" *lang*-Attribut kann auch die Textrichtung auf diese Weise eingebunden werden. Die Schriftrichtung wird per *$this->direction* ermittelt und dem *dir*-Attribut zugewiesen.

```
<!DOCTYPE html>
<html xmlns="http://www.w3.org/1999/xhtml" xml:lang="<?php
 echo $this->language; ?>" lang="<?php echo $this->language;
                    ?>" dir="<?php echo $this->direction; ?>" >
```

Insgesamt könnte der Anfang der *index.php* also folgendermaßen aussehen:

```
<?php
defined('_JEXEC') or die;
?>
<!DOCTYPE html>
<html xmlns="http://www.w3.org/1999/xhtml" xml:lang="<?php
         echo $this->language; ?>" lang="<?php echo $this->
      language; ?> " dir="<?php echo $this->direction; ?>" >
...
```

2.4.2 Die Kopfdaten aufnehmen

Um die Joomla!-Kopfdateien in die *index.php* aufzunehmen, wird das *jdoc*-Element verwendet. Dieses Element dient dem Einfügen von Modulen und anderen Joomla!-Elementen. Weitere Informationen zu *jdoc* folgen natürlich noch im weiteren Verlauf dieses Buchs. Zunächst geht es ausschließlich um den Kopfbereich.

```
<head>
   <jdoc:include type="head" />
</head>
```

Über diesen Aufruf wird der Kopfbereich von Joomla! geladen. Dazu gehören der Seitentitel, der Skript- und der CSS-Bereich sowie die Metadaten. Der im Frontend generierte *head*-Quellcode sieht dann so aus:

```
<head>
   <base href="http://localhost/joomla/" />
   <meta http-equiv="content-type" content="text/html;
                                          charset=utf-8" />
```

```
    <meta name="robots" content="index, follow" />
    <meta name="keywords" content="" />
    <meta name="rights" content="" />
    <meta name="language" content="de-DE" />
    <meta name="generator" content="Joomla! - Open Source
    Content Management" />
    <title>Weblinks</title>
    <link href="/joomla/templates/epress/favicon.ico"
      rel="shortcut icon" type="image/vnd.microsoft.icon" />
  </head>
```

Auf einige der automatisch generierten Kopfanweisungen lohnt noch einmal ein genauerer Blick. Da wäre zunächst das *base*-Element. Dieses Element verweist immer auf die Basisadresse des Dokuments:

```
<base href="http://localhost/joomla/" />
```

Intern verwendet Joomla! dieses *base*-Element zur Generierung suchmaschinenfreundlicher URLs. Ein weiteres Element betrifft den Zeichensatz. Über den Zeichensatz wird den Browsern mitgeteilt, wie die im Dokument verwendeten Zeichen dargestellt werden sollen:

```
<meta http-equiv="content-type" content="text/html;
                                         charset=utf-8" />
```

Joomla! verwendet den Zeichensatz UTF-8. Dadurch werden spezielle Maskierungen bestimmter Zeichen überflüssig. Eine gute Einführung in diese Thematik finden Sie auf der Seite *http://de.selfhtml.org/html/allgemein/zeichen.htm*.

Joomla! fügt automatisch einige Metaangaben ein, die speziell für Suchmaschinen gedacht sind:

```
<meta name="robots" content="index, follow" />
<meta name="keywords" content="" />
<meta name="rights" content="" />
```

Entscheidend ist es in diesem Zusammenhang, zu verstehen, dass diese Metaangaben von Joomla! automatisch in den *head*-Bereich eingefügt werden. Die Werte – also beispielsweise Schlüsselwörter – werden im Backend bestimmt.

Sehr wichtig ist das *title*-Element, das von Joomla! automatisch eingefügt wird, denn die Browser zeigen den Titel in der Browserleiste an. Außerdem besitzt der Titel durchaus eine gewisse Bedeutung für die Suchmaschinenoptimierung.

```
<title>entwickler.press</title>
```

Joomla! generiert den Titel automatisch. Wem die automatisch generierten Titel nicht gefallen, der kann sie abändern. Dazu rufen Sie im Backend über Menüs das Menü auf, in dem sich der Menüeintrag befindet, der auf die Seite zeigt, dessen Titel man anpassen will. Klicken Sie dort den betreffenden Menüeintrag an. Im Register Seitenanzeige kann in das Feld Seitentitel im Browser ein individueller Titel eingetragen werden.

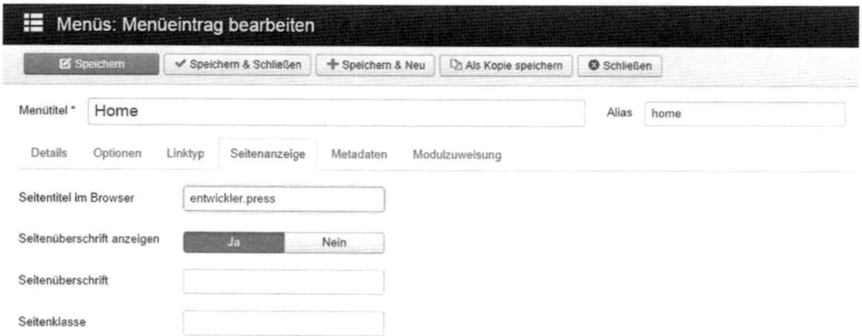

Abbildung 2.1: Hier lässt sich ein individueller Titel festlegen

2.4.3 CSS-Dateien einbinden

CSS-Dateien muss man nicht manuell über einen *link*-Aufruf einbinden. Stattdessen fügt man oberhalb der *Doctype*-Angabe Folgendes ein:

```
$doc = JFactory::getDocument();

$doc->addStyleSheet(JUri::base() . 'templates/' . $this->
    template . '/css/blue.css', $type = 'text/css', $media =
                                        'screen,projection');


$doc->addStyleSheet(JUri::base() . 'templates/' . $this->
  template . '/css/template.css', $type = 'text/css', $media
                                      = 'screen,projection');
```

Joomla! wandelt das automatisch in die richtigen *link*-Definitionen um. Offiziell wird diese Variante bevorzugt. Man kann allerdings auch problemlos die gezeigte klassische *link*-Definition verwenden.

Unterschiedliche Laufrichtungen berücksichtigen

Bekanntermaßen gibt es Schriften mit unterschiedlichen Laufrichtungen. Im europäischen Sprachraum läuft die Schrift von links nach rechts, arabische Schrift „wandert" hingegen von rechts nach links. Verwendet man eine solche Schrift, kann es in Joomla! zu Konflikten kommen. Um diese Konflikte zu vermeiden, können Sie eine spezielle CSS-Datei einbinden.

```
<?php if($this->direction == 'rtl') : ?>
<link href="<?php echo $this->baseurl ?>/templates/epress/
   css/template_rtl.css" rel="stylesheet" type="text/css" />
<?php endif; ?>
```

Über *direction* wird die Laufrichtung ermittelt. Ist sie *rtl (right to left)*, wird die Datei *template_rtl.css* geladen. Innerhalb dieser CSS-Datei werden dann die entsprechenden *rtl*-Angaben berücksichtigt. Wie eine solche Datei aussehen kann, zeigt das folgende Beispiel:

```
body{
   direction: rtl;
}
p{
   text-align: right;
}
#fontsize {
   right: auto;
   left: 0;
   padding: 4px 0;
}
#fontsize h3 {
   margin: 0;
   padding: 0;
}
#fontsize p {
   margin: 0 5px 0 0;
   padding: 0;
}
#fontsize p a {
   display: -moz-inline-box;
   padding: 0 24px 0 0;
   zoom: 1;
}
```

Im Zusammenhang mit unterschiedlichen Laufrichtungen ist vor allem die *direction*-Eigenschaft interessant. Ausführliche Informationen dazu finden Sie unter *http://www.css4you.de/Texteigenschaften/direction.html.*

Natürlich ist es immer sicherer, die unterschiedlichen Laufrichtungen unter Realbedingungen zu testen. In Joomla! gibt es aber einen ganz einfachen Trick. Wenn Sie Deutsch als Sprache installiert und als Standard eingestellt haben, öffnen Sie die Datei *language/de-DE/de-DE.XML*. In dieser Datei gibt es einen *metadata*-Bereich.

```
<metadata>
   <name>German (DE-CH-AT)</name>
   <tag>de-DE</tag>
   <rtl>0</rtl>
```

```
    <locale>de_DE.utf8, de_DE.UTF-8, de_DE, deu_DE, de,
                german, german-de, de, deu, germany</locale>
    <firstDay>1</firstDay>
</metadata>
```

Interessant ist innerhalb dieses Bereichs das *rtl*-Element:

```
<rtl>0</rtl>
```

Ändern Sie den Wert dieses Elements von *0* auf *1*:

```
<rtl>1</rtl>
```

Dadurch wird im Frontend die RTL-CSS-Datei geladen.

2.5 Die templateDetails.xml

Sie können sich die *templateDetails.xml* als eine Art Anleitung für Joomla! vorstellen. Der Joomla!-Installer liest diese Manifestdatei ein und erkennt anhand der darin notierten Werte, wie das Template aufgebaut ist.

Nachdem Sie jetzt wissen, warum die *templateDetails.xml* so wichtig ist, geht es ins Detail, also an den Aufbau einer solchen Datei.

Eingeleitet wird die Datei mit dem XML-Prolog. Dieser enthält die XML-Version und den Zeichensatz.

```
<?xml version="1.0" encoding="utf-8"?>
```

Weiter geht es mit dem Dokumenttyp. Dabei wird die DTD von Joomla! angegeben:

```
<!DOCTYPE install PUBLIC "-//Joomla! 2.5//DTD template
      1.0//EN" "http://www.joomla.org/xml/dtd/1.6/template-
                                              install.dtd">
```

Nun muss die Art der Erweiterung genannt werden:

```
<extension version="3.1" type="template" client="site">
```

Hierbei handelt es sich um eine Erweiterung vom Typ *template für Joomla! 3.1*. Über *client="site"* wird angegeben, dass es ein Frontend-Template ist. Das geöffnete *extension*-Element muss am Ende der *templateDetails.xml* unbedingt geschlossen werden. Jetzt folgen einige allgemeine Angaben zum Template:

```
<name>entwickler.press</name>
<version>1.01</version>
<creationDate>September 2014</creationDate>
<author>Daniel Koch</author>
<authorEmail>kontakt@medienwerke.de</authorEmail>
<authorUrl>http://www.http://wwww.medienwerke.de/
                                                </authorUrl>
<copyright>Copyright (C) 2014 entwickler.press</copyright>
<license></license>
<description>Ein Template von entwickler.press. Die
 verwendeten Positionen: banner, breadcrumbs, bottom, left,
 right, search, footer, user1, user2, top
</description>
```

Diese Angaben bedeuten Folgendes:

- Template-Name
- Version des Templates
- Autor/Entwickler
- E-Mail-Adresse von Autor/Entwickler
- Webadresse von Autor/Entwickler
- Copyrightinformationen
- Lizenz, unter der das Template veröffentlicht wurde
- Beschreibung

Diese allgemeinen Informationen werden im Joomla!-Backend innerhalb der Template-Verwaltung angezeigt.

Die Grundstruktur der *templateDetails.xml* sieht insgesamt also folgendermaßen aus:

```
<?xml version="1.0" encoding="utf-8"?>
<!DOCTYPE install PUBLIC "-//Joomla! 2.5//DTD template
               1.0//EN" "http://www.joomla.org/xml/dtd/1.6/
                                      template-install.dtd">
<extension version="3.1" type="template" client="site">
<name>entwickler.press</name>
<version>1.01</version>
<creationDate>September 2014</creationDate>
<author>Daniel Koch</author>
<authorEmail>kontakt@medienwerke.de</authorEmail>
<authorUrl>http://www.http://wwww.medienwerke.de/
                                              </authorUrl>
<copyright>Copyright (C) 2014 entwickler.press</copyright>
<license></license>
<description>Ein Template von entwickler.press. Die
 verwendeten Positionen: banner, breadcrumbs, bottom, left,
 right, search, footer, user1, user2, top
</description>
...
</extension>
```

2.5.1 Die verwendeten Dateien angeben

Zusätzlich müssen sämtliche im Template verwendeten Dateien angegeben werden. Die Dateien stehen dabei jeweils in einem *filename*-Element. Alle *filename*- und *folder*-Elemente werden von einem globalen *files*-Element umschlossen.

```
<files>
   <folder>css</folder>
   <folder>html</folder>
   <filename>index.php</filename>
```

```
    <filename> template.css</filename>
  </files>
```

Hier geben Sie die im Template verwendeten Verzeichnisse und Dateien an.

Bei den *folder*-Elementen notieren Sie die Verzeichnisse. Die Dateien, die in diesen Verzeichnissen liegen, müssen hingegen nicht explizit angegeben werden. Alle Dateien, die nicht innerhalb der Verzeichnisse, sondern auf der obersten Template-Ebene liegen, müssen jeweils in einem einzelnen *filename*-Element stehen. Das ist übrigens ein großer Unterschied zu früheren Joomla!-Versionen, denn dort mussten tatsächlich alle Dateien explizit angegeben werden. Das galt dann auch für solche, die in Unterverzeichnissen lagen.

In dieser Aufzählung bzw. in diesem *files*-Bereich müssen die folgenden Elemente enthalten sein, es sei denn, sie liegen in einem bei *folder* angegebenen Verzeichnis:

- Alle im Template verwendeten PHP-Dateien
- Alle im Template verwendeten HTML-Dateien
- Alle im Template verwendeten CSS-Dateien
- Alle im Template verwendeten Grafiken

Zwei weitere Bereiche der *templateDetails.xml* betreffen die im Template verwendeten Modulpositionen und gegebenenfalls die Parameter. In Joomla! werden die Module im Template anhand von Modulpositionen platziert. Eingestellt werden die entsprechenden Positionen dabei über das Backend.

Welche Positionen hier zur Verfügung stehen, können Sie für Ihr Template selbst bestimmen. Dafür sind zwei Schritte notwendig:

- In der *templateDetails.xml* werden die Positionen definiert.
- Die definierten Positionen werden in der *index.php* angegeben.

In der *templateDetails.xml* müssen die Positionen, die im Template verwendet werden sollen, innerhalb des *positions*-Elements jeweils über einzelne *position*-Elemente definiert werden.

```
<positions>
   <position>login</position>
   <position>topmenu</position>
   <position>search</position>
   <position>header</position>
   <position>logo</position>
</positions>
```

Damit stehen die Modulpositionen im Backend zur Verfügung.

In vielen Templates werden mittlerweile fortlaufende Positionsnamen wie *position-1*, *position-2* etc. verwendet.

```
<positions>
   <position>debug</position>
   <position>position-0</position>
   <position>position-1</position>
   <position>position-2</position>
   <position>position-3</position>
   <position>position-4</position>
   <position>position-5</position>
   <position>position-6</position>
   <position>position-7</position>
   <position>position-8</position>
   <position>position-9</position>
   <position>position-10</position>
   <position>position-11</position>
   <position>position-12</position>
   <position>position-13</position>
   <position>position-14</position>
</positions>
```

Das kann man machen, obligatorisch ist es aber nicht. Meistens ist es sogar sinnvoller, „sprechende“ Modulnamen zu verwenden. Das macht die spätere Zuordnung der Module zu den Positionen einfacher.

2.5.2 Module einbinden und positionieren

Weiter geht es nun mit der *index.php*, denn von ihr wurden in den bisherigen Beispielen lediglich das Grundgerüst und der Kopfbereich angelegt. Jetzt müssen die Inhalte definiert werden.

Im Gegensatz zu einer statischen HTML-Seite werden in Joomla! viele Elemente dynamisch geladen. Das sind z. B. folgende:

- der Inhalt
- die Module
- Systemnachrichten/Fehlermeldungen

Die Module gehören in Joomla! zu den zentralen Merkmalen. Solche Module werden rings um den eigentlichen Inhalt platziert und erfüllen ganz unterschiedliche Aufgaben. Module sorgen beispielsweise für die Anzeige des Log-in-Formulars oder eines Menüs.

Innerhalb der *index.php* müssen Sie nun Platzhalter für die Modulpositionen definieren. Verwendet wird dafür das *jdoc*-Element. Über dieses Element werden nicht nur Module, sondern auch der Dokumentkopf (*header*), der eigentliche Inhalt und Systemmeldungen eingebunden.

Das *jdoc*-Element muss die beiden Attribute *type* und *name* besitzen. Der Wert von *type* bestimmt, was letztendlich geladen werden soll. Bei einem Modul lautet er jeweils *modules*. Im Fall des Dokumentkopfs wird hingegen *head* verwendet. Für den eigentlichen Inhalt gibt man als Typ *component* an. Mehr zu diesem wichtigen Typ erfahren Sie im weiteren Verlauf dieses Buchs. Zunächst geht es mit den normalen Modulen weiter. Über *name* wird der Positionsname angegeben.

```
<jdoc:include type="modules" name="position" />
```

Der Name ist frei wählbar. Dennoch haben sich für einige Standardmodule bestimmte Namen etabliert. Ein paar dieser Modulnamen werden von Joomla! übrigens standardmäßig angezeigt, wenn man die Position für ein Modul einstellt.

Abbildung 2.2: Joomla! übersetzt die Werte

Die in der linken Spalte angezeigten Werte sind die, die in der *template Details.xml* definiert wurden. Hinter dem Template-Namen stehen dann allerdings noch einmal Positionsnamen in Klammern. Diese können Sie in einer speziellen Sprachdatei definieren. Gibt man in seiner *templateDetails.xml* also den Positionsnamen *left* an, erkennt das Joomla! und macht daraus in Klammern gesetzt den Wert *Die linke Seite*. Wird die Backend-Sprache dann auf Englisch umgestellt, wird daraus *Left*. Die Positionsangaben sind also mehrsprachig. Im Folgenden findet sich eine Übersicht gängiger Positionsnamen:

Code	Beschreibung
<jdoc:include type="module" name="search" />	Suchen
<jdoc:include type="module" name="breadcrumbs" />	Breadcrumb-Menü
<jdoc:include type="modules" name="banner" style="" />	Banner
<jdoc:include type="modules" name="left" style="" />	Module links
<jdoc:include type="modules" name="right" style="" />	Module rechts

<jdoc:include type="modules" name="user1" style="" />	Modul User1
<jdoc:include type="modules" name="user2" style="" />	Modul User2
<jdoc:include type="modules" name="top" style="" />	Modul Top
<jdoc:include type="modules" name="bottom" style="" />	Modul Bottom

Tabelle 2.2: Übersicht gängiger Positionsnamen

Da es erfahrungsgemäß an dieser Stelle immer wieder zu Missverständnissen kommt, folgt dazu ein Beispiel. Das Suchen-Modul kann über *<jdoc:include type="module" name="search" />* eingebunden werden. Das ist eine Empfehlung, vorgeschrieben ist es jedoch nicht. Ebenso ließe sich auch *<jdoc:include type="module" name="meinesuchfunktion" />* verwenden. Durch das *jdoc*-Element wird lediglich ein Platzhalter in der *index.php* definiert. Diesem Platzhalter wird später im Backend das Suchen-Modul zugewiesen. Der Name *search* ist dann nicht entscheidend. Für ihn spricht jedoch, dass Templates dadurch eine gewisse Grundstruktur erhalten. Relevant wird das zum Beispiel, wenn das Template weitergegeben werden soll. Denn durch den Einsatz konsistenter Namen finden sich erfahrungsgemäß auch andere Entwickler schneller im Template zurecht.

Die Standard-Templates von Joomla! verwenden übrigens Namen wie *position-0, position-1* etc. Das ist für die Standard-Templates völlig in Ordnung, schließlich wissen die Entwickler dieser Templates nicht, was letztendlich an den definierten Positionen eingefügt wird. Bei Ihren eigenen Templates sollten Sie jedoch Namen vergeben, von denen Sie wissen, was sie bedeuten.

Die Art der Modulausgabe steuern

Über das *style*-Attribut lässt sich die Art und Weise, in der die Module ausgegeben werden sollen, bestimmen. Module können beispielsweise in *div*-Containern oder in Tabellen eingebettet werden. Dieses Einbetten läuft in Joomla! unter dem Namen „Styles“. Insgesamt stehen fünf Werte zur Auswahl:

- *xhtml*: Das Modul wird mittels *div*-Elementen ausgegeben. Das erzeugt den saubersten Quellcode. Das Modul wird dabei mit einem div-Element der Klasse *moduletable* umgeben. Die Überschrift – wenn sie denn aktiviert wurde – ist oberhalb des *div*-Elements in einer *h3*-Überschrift zu sehen. Bei Menüs heißt die Klasse *moduletable_menu*. Gibt man kein *style*-Attribut an, wendet Joomla! automatisch *xhtml* an.
- *rounded*: Ermöglicht die Definition runder Ecken. Aber Achtung: Durch *rounded* werden lediglich die *div*-Container bereitgestellt, die für die Definition runder Ecken benötigt werden. Die runden Ecken selbst muss man über die CSS-Datei definieren. Im nächsten Abschnitt finden Sie detaillierte Informationen dazu, wie sich abgerundete Ecken definieren lassen.
- *table*: Hierdurch wird das Modul in einer Tabelle ausgegeben.
- *horz*: Gibt das Modul horizontal aus. Dabei wird jedes Modul in einer Zelle einer umgebenden Tabelle angezeigt.
- *none*: Das Modul wird ohne etwaige Formatierungen ausgegeben. Das gilt insbesondere auch für CSS-Klassen und -IDs.

Eigene Stile definieren

Über so genannte Module Chromes lassen sich auch eigene Stile definieren. Ausführliche Informationen zu diesen Chromes gibt es im weiteren Verlauf dieses Kapitels. Dennoch folgt an dieser Stelle ein Beispiel dafür, wie sich eigene Modulstile definieren lassen. Dazu legen Sie innerhalb des *html*-Verzeichnisses des Templates eine *modules.php* an. In dieser Datei lassen sich die gewünschten Stile definieren.

```
function modChrome_mysearch($module, &$params, &$attribs){
if (!empty ($module->content)) : ?>
   <?php if ($module->showtitle) : ?>
   <h4><?php echo $module->title; ?></h4>
   <?php endif; ?>
```

```
    <?php echo $module->content; ?>
    <?php endif;
}
```

Ein so definierter Stil lässt sich dann innerhalb der *index.php* beim Aufruf der entsprechenden Module verwenden.

```
<jdoc:include type="modules" name="search"
                                          style="mysearch"/>
```

Auf diese Weise gibt Joomla! Entwicklern den größtmöglichen Gestaltungsspielraum dahingehend, wie die Module ausgegeben werden sollen.

2.6 Abgerundete Ecken

Abgerundete Ecken werden immer beliebter. Kein Wunder, schließlich lassen sich damit nicht nur einzelne Seitenbereiche optisch aufwerten, auch ganze Seitenlayouts können mit solchen runden Ecken versehen werden.

Abbildung 2.3: Opera stellt runde Ecken dar

Joomla! bietet die Möglichkeit zur Definition runder Ecken. Dazu muss lediglich in der Moduldefinition beim Attribut *style* der Wert *rounded* angegeben werden.

```
<jdoc:include type="modules" name="position-7"
                                          style="rounded" />
```

Daraufhin generiert Joomla! eine *div*-Konstruktion, die als Basis für runde Ecken verwendet werden kann.

```
<div class="module">
   <div>
      <div>
         <div>
            <h3>Unser Archiv</h3>
               <ul class="archive-module">
               <li>
               <a href="/joomla/index.php?option=
               com_content
               &amp;view=archive&amp;year=201$
               &amp;month=1&amp;
               Itemid=256&amp;lang=de"> Januar</a>
               </li>
               </ul>
         </div>
      </div>
   </div>
</div>
```

Diese Konstruktion genügt bereits, um runde Ecken per CSS zu definieren.

Die Browserinterpretation
Es ist übrigens nicht wirklich problematisch, wenn ein Browser abgerundete Ecken nicht richtig anzeigt. In solchen Browsern werden dann ganz normale Ecken zu sehen sein. Die Besucher Ihrer Seite bemerken also in aller Regel nicht, dass Ihre Webseite abgerundete Ecken nutzt und diese nicht richtig angezeigt werden.

Mit CSS3 wurde die Eigenschaft *border-radius* eingeführt. Über diese Eigenschaft lassen sich für Boxen runde bzw. elliptische Ecken umsetzen.

Weist man *border-radius* einen Wert zu, bezieht sich dieser auf den Radius des Kreises, der die Ecke darstellt.

```
border-radius: 10px;
```

Ebenso können auch zwei Werte angegeben werden. In diesem Fall steht der erste Wert für den horizontalen Radius, der zweite Wert für den vertikalen Radius. Alternativ dazu können Sie auch einzelne Ecken der Box abrufen. Dafür stehen vier weitere Eigenschaften zur Verfügung.

- *border-top-right-radius*
- *border-bottom-right-radius*
- *border-bottom-left-radius*
- *border-top-left-radius*

Wie üblich, muss man für die Browser die jeweiligen Kürzel verwenden. Um alle Ecken gleich zu gestalten, wird auf folgende Syntax zurückgegriffen:

```
.module {
   border: 1px solid #8b4513;
   -webkit-border-radius: 10px;
   -khtml-border-radius: 10px;
   -moz-border-radius: 10px;
   border-radius: 10px;
   background: #eee8aa;
}
```

Bei der Definition unterschiedlicher Ecken müssen Sie beachten, dass Mozilla hier vom CSS3-Standard abweicht und eigene Eigenschaften vorsieht. Dort muss man *-moz-border-radius-topleft*, *-moz-border-radius-topright*, *-moz-border-radius-bottomright* und *-moz-border-radius-bottomleft* verwenden. Auch hierzu wieder ein Beispiel:

```
.module {
   border: 1px solid #8b4513;
   -webkit-border-top-left-radius: 10px;
```

```
    -webkit-border-top-right-radius: 10px;
    -khtml-border-top-left-radius: 10px;
    -khtml-border-top-right-radius: 10px;
    -moz-border-radius-topleft: 10px;
    -moz-border-radius-topright: 10px;
    border-top-left-radius: 10px;
    border-top-right-radius: 10px;
    background: #eee8aa;
}
```

Auf diese Weise lassen sich die sämtlichen Browser – mit Ausnahme des Internet Explorer – ansprechen.

Sie müssen übrigens nicht unbedingt einen Rahmen definieren, um abgerundete Ecken sichtbar zu machen. Das folgende Beispiel zeigt noch einmal, wie sich an den Ecken jeweils unterschiedliche Bogen definieren lassen.

```
.module {
    border: 1px solid #FF3333;
    background-color: #3399FF;
    border-radius: 0px 50px 0px 50px;
    -moz-border-radius: 0px 50px 0px 50px;
    -webkit-border-top-right-radius: 50px;
    -webkit-border-bottom-left-radius: 50px;
    padding: 20px;
}
```

Den Hauptinhalt und andere Elemente einbinden

Ähnlich sieht die Syntax aus, wenn man den Seiteninhalt einblenden will:

```
<jdoc:include type="component" />
```

Das *component*-Element sollte nur einmal innerhalb des *body*-Elements vorkommen. Hierüber wird der eigentliche Inhalt der Seite gerendert.

Nun sind Module und der Inhalt natürlich längst nicht die einzigen Elemente, die sich einbinden lassen. Ein weiteres, nämlich *head*, haben Sie bereits kennen gelernt.

```
<jdoc:include type="head" />
```

Über *head* wird der Dateikopf, der so genannte Head-Bereich, eingebunden.

Mit *message* kann man sich System- und Fehlermeldungen anzeigen lassen, die beim Rendern der Seite auftreten.

```
<jdoc:include type="message" />
```

Auch diese Elemente werden höchstens einmal innerhalb des Templates gesetzt. Am besten platzieren Sie das jeweilige Element oberhalb von *component*.

```
<jdoc:include type="message" />
<jdoc:include type="component" />
```

Ebenfalls interessant ist *message* beispielsweise, um den Statustext eines abgesendeten Formulars anzuzeigen. Das Element sollte also unbedingt im Template berücksichtigt werden.

Zu guter Letzt noch *installation* – dieses Element wird ausschließlich vom Joomla!-Installer-Template verwendet und wird daher hier nur der Vollständigkeit halber mit aufgeführt:

```
<jdoc:include type="installation" />
```

installation wird weder für das Backend noch für das Frontend benötigt. Prinzipiell funktioniert dieses Element ähnlich wie *component*. Allerdings wird darüber nicht der Seiteninhalt, sondern es werden die Installationsschritte eingebunden.

Mit diesem Wissen ausgestattet, können Sie nun in Ihr HTML-Grundgerüst die gewünschten Positionen einfügen. Für das Beispiel-Template könnte das folgendermaßen aussehen:

```
<?php
defined('_JEXEC') or die;
$doc = JFactory::getDocument();
$doc->addStyleSheet(JUri::base() . 'templates/' . $this->
    template . '/css/blue.css', $type = 'text/css', $media =
                                        'screen,projection');
  $doc->addStyleSheet(JUri::base() . 'templates/' . $this->
  template . '/css/template.css', $type = 'text/css', $media
                                       = 'screen,projection');
?>
<!DOCTYPE html>
<html xmlns="http://www.w3.org/1999/xhtml" xml:lang="<?php
 echo $this->language; ?>" lang="<?php echo $this->language;
?>" >
<head>
<jdoc:include type="head" />
<link rel="stylesheet" href="<?php echo $this->baseurl ?>/
  templates/<?php echo $this->template ?>/css/template.css"
                                          type="text/css" />
<link rel="stylesheet" href="<?php echo $this->baseurl ?>/
 templates/<?php echo $this->template ?>/css/green.css"
 type="text/css" />
</head>
<body>
<div id="wrapper">
  <div id="topwrapper">
    <div id="corporatelogo">
      <jdoc:include type="modules" name="user1" />
    </div>
    <div id="topright">
      <div id="topmen">
        <jdoc:include type="modules" name="top" />
      </div>
      <div id="toplogo">
```

```
        <jdoc:include type="modules" name="user2" />
      </div>
    </div>
    <div class="clear"></div>
  </div>
  <div id="mainwrapper_full">
    <div id="leftwrapper">
      <div id="search">
        <jdoc:include type="modules" name="search" />
      </div>
      <div id="men">
        <jdoc:include type="modules"
        name="left" />
      </div>
    </div>
    <div id="contentwrapper_full">
      <div id="breadcrumbs">
        <jdoc:include type="modules" name="breadcrumbs" />
      </div>
      <div id="banner">
        <jdoc:include type="modules" name="banner"/>
      </div>
      <div id="content">
        <jdoc:include type="message" />
        <jdoc:include type="component" />
      </div>
      <div id="bottom">
        <jdoc:include type="modules" name="bottom"/>
      </div>
    </div>
    <div id="rightwrapper">
      <jdoc:include type="modules"
      name="right" />
    </div>
    <div class="clear"></div>
  </div>
  <div id="footer">
    <jdoc:include type="modules" name="footer" />
  </div>
</div>
</body>
```

2.7 Zwei Screenshots anlegen

Damit das Template später wirklich vollständig ist, erzeugen Sie einen Screenshot, auf dem es in Aktion zu sehen ist. Speichern Sie den Screenshot unter dem Namen *template_thumbnail.png* im Template-Verzeichnis (z. B. *planbar*) ab. Diese Grafik wird später als Vorschaugrafik in der Template-Übersicht von Joomla! angezeigt. Rufen Sie dazu ERWEITERUNGEN | TEMPLATES auf und wechseln Sie in das TEMPLATES-Register.

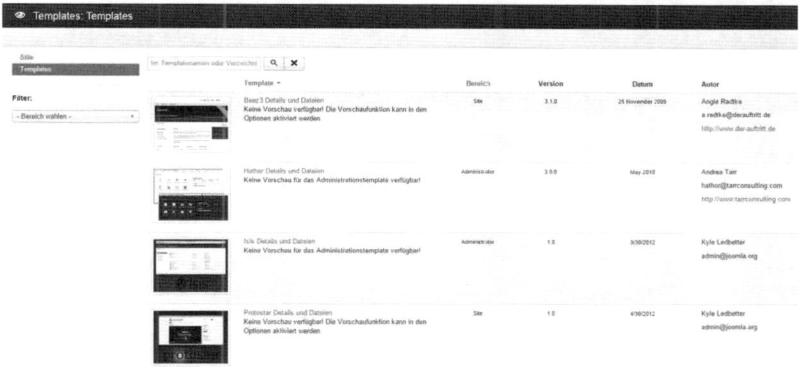

Abbildung 2.4: Solch ein Screenshot wird benötigt

Für die Größe des Screenshots gibt es zwar keine Vorgaben, in aller Regel sollte er aber um die 206 x 150 Pixel groß sein. Der Screenshot muss unter dem Namen *template_thumbnail.png* im Template-Verzeichnis gespeichert werden.

Klickt man innerhalb der Template-Übersicht auf eine Vorschaugrafik, wird noch einmal ein größeres Vorschaubild angezeigt. Um eine solche Vorschau auch für Ihr Template zur Verfügung zu haben, legen Sie innerhalb des Hauptverzeichnisses Ihres Templates die Datei *template_preview.png* an. Diese Grafik sollte eine Größe von etwa

800 x 600 Pixeln haben (wobei die Größe von Joomla! hier nicht exakt vorgegeben wird).

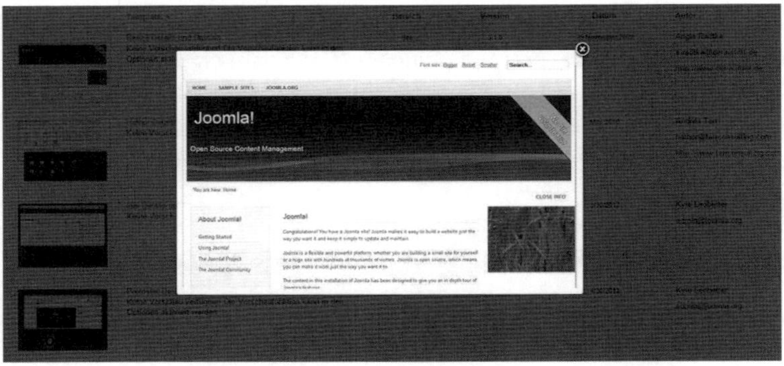

Abbildung 2.5: So sieht man gleich, was einen erwartet

2.8 Die persönliche 404-Seite

Gibt es beim Aufruf einer Joomla!-Seite einen Fehler, wird eine entsprechende Meldung angezeigt. Diese sieht standardmäßig folgendermaßen aus:

Abbildung 2.6: Das ist die Standardfehlerseite

Diese Fehlerseite können Sie für Ihr Template ändern. Legen Sie dazu innerhalb des Template-Verzeichnisses die Datei *error.php* an. Diese Datei überschreibt automatisch die Ausgabe der Standard-Joomla!-Fehlerseite. Wie Sie die neue Seite gestalten, bleibt natürlich Ihnen überlassen. Im einfachsten Fall sähe das folgendermaßen aus:

```
<div class="error">
<div id="outline">
<div id="errorboxoutline">
<div id="errorboxheader">Uuups! Ein Fehler ist aufgetre-
ten.</div>
<div id="errorboxbody">
<p>Huch, da ist was schiefgegangen. Sie haben nach
 etwas gesucht, was nicht hier ist. Vielleicht ist die
 Seite einfach verschwunden, vielleicht haben wir sie
 gel&ouml;scht oder vielleicht haben Sie sich vertippt und
 die Seite war nie da. Fest steht: Hier ist nichts.</p>
</div>
</div>
</div>
</div>
</div>
```

Hier wurde einfach eine statische Fehlerseite definiert, in der lediglich ganz normaler Text hinterlegt wurde.

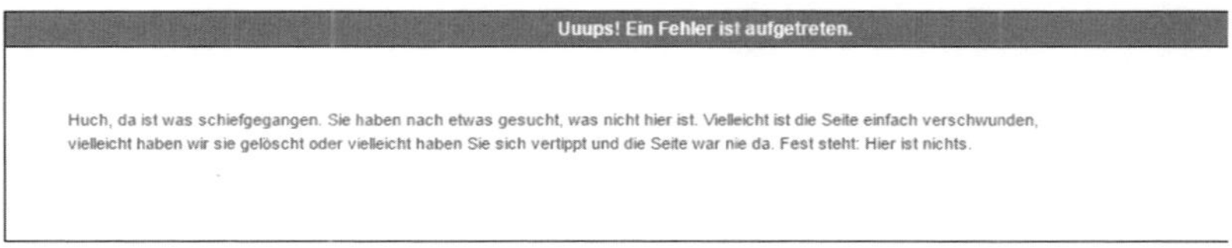

Abbildung 2.7: Die Fehlermeldung wurde angepasst

Zusätzlich wurde auf die von Joomla! bereitgestellten Standardklassen für Fehlermeldungen zurückgegriffen. Diese können Sie bei Bedarf natürlich durch eigene Klassen ersetzen.

Joomla! stellt einige Optionen zur Verfügung, mit denen sich die Fehler detaillierter ausgeben lassen:

```
<?php echo $this->error->getCode(); ?>
```

Darüber wird die Fehlernummer ermittelt und angezeigt. Typische Fehlernummern sind beispielsweise *404* oder *500*.

Ebenso können Sie sich auch eine Fehlernachricht anzeigen lassen. Die könnte folgendermaßen aussehen:

Beitrag nicht gefunden

Hierüber wird signalisiert, dass der aufgerufene Beitrag nicht gefunden werden konnte. Um eine solche Ausgabe zu erreichen, verwenden Sie *getMessage()*:

```
<?php echo $this->error->getMessage(); ?>
```

Für noch detailliertere Meldungen können Sie die Debug-Informationen anzeigen lassen.

Bevor gezeigt wird, wie das funktioniert, sei dazu folgender Hinweis gegeben: Normalerweise sollten Sie Debug-Informationen ausschließlich während der Entwicklungsphase der Joomla!-Seite verwenden. Das hat verschiedene Gründe. Zunächst einmal sind die Meldungen für „normale“ Seitenbesucher viel zu detailliert, als dass sie damit etwas anfangen könnten. Außerdem liefern Sie mit den Debug-Daten möglichen Angreifern Informationen. Um die Debug-Informationen anzuzeigen, verwenden Sie die folgende Syntax:

```
<?php echo $this->renderBacktrace(); ?>
```

Beachten Sie, dass *renderBacktrace()* eng mit den Debug-Einstellungen im Backend zusammenarbeitet. Zu finden sind diese im Backend unter SYSTEM | KONFIGURATION | SYSTEM im Bereich FEHLERSUCHE (DEBUG).

Uuups! Ein Fehler ist aufgetreten. 404

Call stack

#	Function	Location
1	JApplicationCms->execute()	C:\xampp6\htdocs\joomla\index.php:40
2	JApplicationSite->doExecute()	C:\xampp6\htdocs\joomla\libraries\cms\application\cms.php:245
3	JApplicationSite->dispatch()	C:\xampp6\htdocs\joomla\libraries\cms\application\site.php:224
4	JComponentHelper::renderComponent()	C:\xampp6\htdocs\joomla\libraries\cms\application\site.php:178
5	JComponentHelper::executeComponent()	C:\xampp6\htdocs\joomla\libraries\cms\component\helper.php:332
6	require_once()	C:\xampp6\htdocs\joomla\libraries\cms\component\helper.php:352
7	JControllerLegacy->execute()	C:\xampp6\htdocs\joomla\components\com_content\content.php:16
8	ContentController->display()	C:\xampp6\htdocs\joomla\libraries\legacy\controller\legacy.php:722
9	JControllerLegacy->display()	C:\xampp6\htdocs\joomla\components\com_content\controller.php:79
10	ContentViewArticle->display()	C:\xampp6\htdocs\joomla\libraries\legacy\controller\legacy.php:685
11	JViewLegacy->get()	C:\xampp6\htdocs\joomla\components\com_content\views\article\view.html.php:44
12	ContentModelArticle->getItem()	C:\xampp6\htdocs\joomla\libraries\legacy\view\legacy.php:398
13	JError::raiseError()	C:\xampp6\htdocs\joomla\components\com_content\models\article.php:162
14	JError::raise()	C:\xampp6\htdocs\joomla\libraries\legacy\error\error.php:253

Abbildung 2.8: Zusätzlich werden hier Debug-Informationen ausgegeben

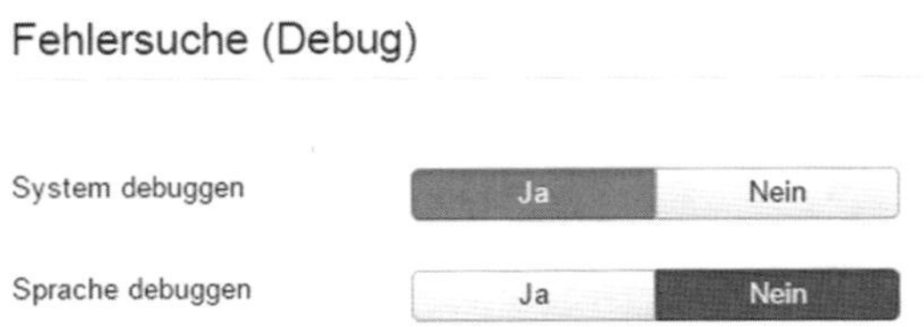

Abbildung 2.9: Das Debuggen wurde aktiviert

Kommt es zu einem Fehler, werden im Frontend die detaillierten Debug-Daten und die Callstack-Daten angezeigt.

Um diese Callstack-Daten nur dann anzuzeigen, wenn im Backend die Debug-Informationen tatsächlich auf *Ja* gestellt wurden, können Sie eine einfache *if*-Abfrage schreiben.

```
<?php if ($this->debug) :
echo $this->renderBacktrace();
endif; ?>
```

Diese sorgt dafür, dass die Callstack-Daten nur noch dann zu sehen sind, wenn *System debuggen* auf *Ja* steht.

3 Mit Template-Parametern arbeiten

Bereits mit Joomla! 1.5 wurde die Möglichkeit zur Definition von Parametern eingeführt. Diese Parameter erlauben Entwicklern einen deutlich größeren Gestaltungsspielraum. So kann man über Parameter beispielsweise eine variable Template-Breite oder -Farbgestaltung festlegen. Die für das Template verfügbaren Parameter werden im Backend angezeigt. In diesem Kapitel wird gezeigt, wie sich Parameter definieren lassen.

3.1 Parameter verwenden

Werfen Sie zunächst einen Blick auf die grundlegende Funktionalität der Parameter. Rufen Sie dazu im Backend ERWEITERUNGEN | TEMPLATES auf und klicken Sie im Register STILE auf den gewünschten Stilnamen.

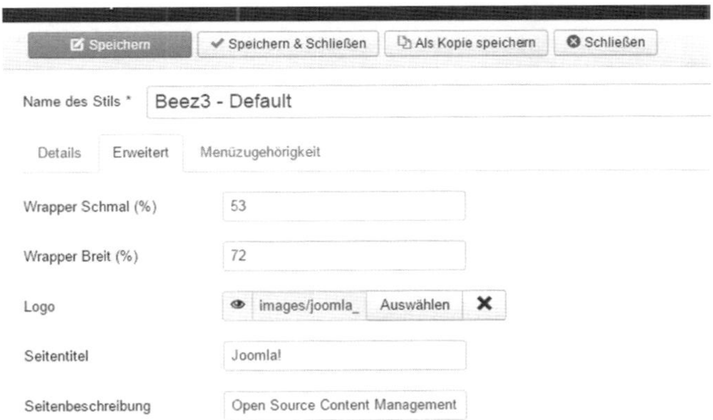

Abbildung 3.1: Ein vergleichsweise umfangreicher Parameterbereich

Wenn Parameter verfügbar sind, finden Sie sie im Register DETAILS oder ERWEITERT.

3.2 Parameter definieren

Umsetzen lässt sich die Parametrisierung vergleichsweise einfach. Zunächst muss die *templateDetails.xml* um einen *config*-Bereich erweitert werden:

```
<config>
...
</config>
```

Das *config*-Element muss innerhalb von *extension* stehen:

```
<?xml version="1.0" encoding="utf-8"?>
<!DOCTYPE install PUBLIC "-//Joomla! 2.5//DTD template
 1.0//EN" "http://www.joomla.org/xml/dtd/1.6/template-
                                              install.dtd">
<extension version="3.1" type="template" client="site">
...

   <config>
...
   </config>
...
</extension>
```

Das *config*-Element enthält wiederum ein *fields*-Element mit dem Attribut *name* und einem Wert *params*:

```
<fields name="params">
...
</fields>
```

Weiter geht es mit mindestens einem *fieldset*-Element. Jedes *fieldset*-Element legt dabei einen Zusammenschluss von Optionen fest. *fieldset* entspricht tatsächlich dem aus HTML bekannten *fieldset*-Element. Genau wie dort werden auch in Joomla! durch *fieldset* Formularelemente logisch gruppiert.

```
<fieldset name="basic">
...
</fieldset>
<fieldset name="advanced">
...
</fieldset>
```

Innerhalb von *basic* können die *Details* zusammengefasst werden. *advanced* dient hingegen als Container für *Erweitert*. Diese Unterteilung kann man vornehmen, muss man aber nicht.

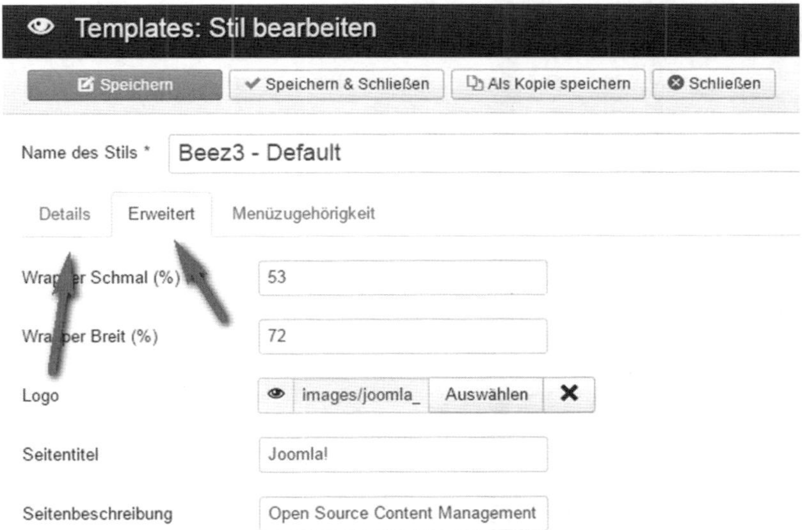

Abbildung 3.2: Hier wurden die verschiedenen Varianten definiert

Eine Grundstruktur, in der *basic* und *advanced* verwendet werden, sieht folgendermaßen aus:

```
<config>
    <fields name="params">
      <fieldset name="basic">
      <field name="farbe" type="radio" default="green"
       label="Farbe" description="Welche Farbe
       soll verwendet werden?" >
        <option value="blue">Blau</option>
        <option value="green">Grün</option>
      </field>
      <field name="sitetitle"  type="text"
      default=""
      label="Seitentitel"
      description="Geben Sie den Seitentitel an"
      filter="string" />
      </fieldset>
      <fieldset name="advanced">
      <field name="gruppe" type="usergroup" default=""
      label="Benutzergruppe"
      description="Legen Sie die Benutzergruppe fest" />
      </fieldset>
    </fields>
  </config>
```

Dadurch lässt sich eine entsprechende Aufteilung erreichen (Abbildung 3.3).

Innerhalb von *fieldset* werden die einzelnen Parameter definiert. Für jeden Parameter muss dabei ein eigenes *field*-Element angelegt werden.

```
<field name="gruppe" type="usergroup" default=""
   label="Benutzergruppe"
   description="Legen Sie die Benutzergruppe fest" />
```

Der (eindeutige) Parametername wird über das *name*-Attribut angegeben. Das *field*-Element kennt verschiedene Attribute. Über das *type*-Attribut legt man den Parametertyp fest Das *default*-Attribut legt den

Standardwert des Parameters fest. Durch die beiden Attribute *label* und *description* wird der Parameter beschrieben. Die entsprechenden Werte sind im Backend im Parameterbereich zu sehen.

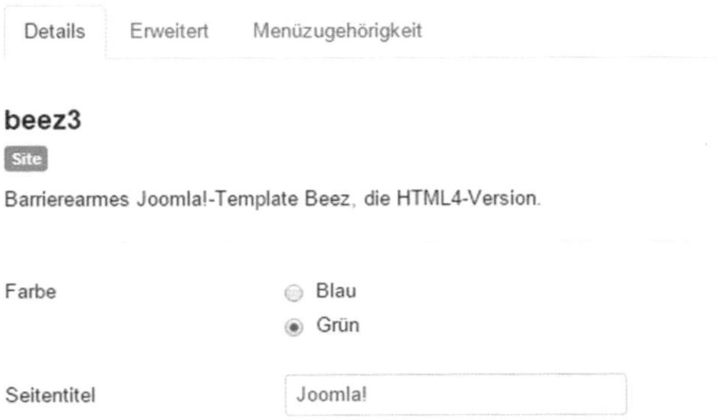

Abbildung 3.3: Der Parameterbereich wurde unterteilt

Am gebräuchlichsten dürfte bei *type* sicherlich der Wert *list* sein.

```
<field name="navposition" type="list" default="center"
 label="Position" description="Die Position der Navigation"
 filter="word">
   <option value="center">zentriert</option>
   <option value="left">links</option>
</field>
```

Über *list* wird eine Auswahlliste definiert.

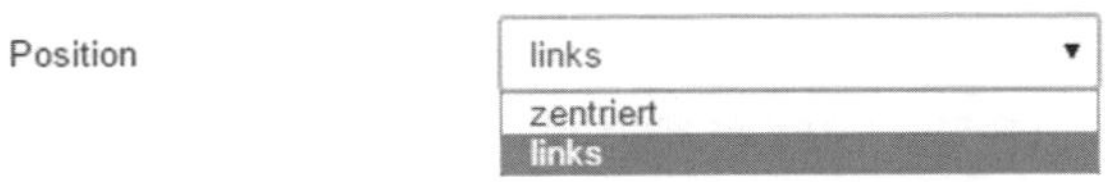

Abbildung 3.4: Eine Auswahlliste ist zu sehen

Neben *list* hält Joomla! noch einige weitere Parametertypen bereit. Diese betreffen meistens spezielle Joomla!-Inhalte. So kann man beispielsweise über den Wert *usergroup* ein Auswahlfeld anlegen, in dem die im Backend vorhandenen Benutzergruppen zu sehen sind.

```
<field name="gruppe" type="usergroup" default=""
 label="Benutzergruppe" description="Legen Sie die
                                    Benutzergruppe fest" />
```

Das Ergebnis sieht folgendermaßen aus:

Abbildung 3.5: Die Benutzergruppen werden aufgelistet

Ebenso einfach lässt sich auch ein Parameter definieren, über den man die gewünschte Zeitzone einstellen kann. Verwendet wird dafür der *type*-Wert *timezone*.

Ebenfalls interessant ist der Wert *text*, über den ein einfaches Textfeld definiert wird. Textfeldern können verschiedene weitere Attribute zugewiesen werden, beispielsweise *size*, *filter*, *autocomplete* und *required*. Dabei wird mit *size* angegeben, wie viele Zeichen in das Feld eingetragen werden dürfen. Über *autocomplete* kann die Autovervollständigung für das Feld explizit erlaubt oder verboten werden. Das Attribut kennt zwei mögliche Werte:

- *on*: Autovervollständigung erlauben
- *off*: Autovervollständigung verbieten

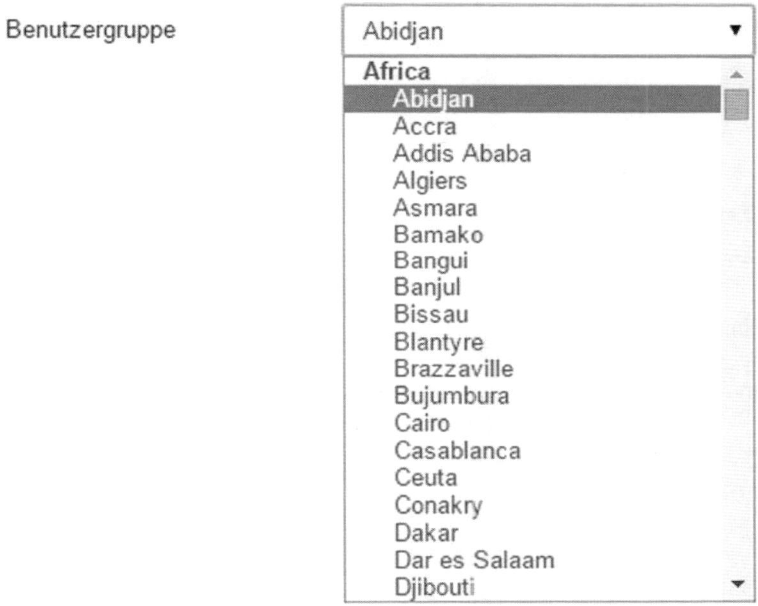

Abbildung 3.6: Hier kann man die Zeitzone auswählen

Spannend ist auch das *class*-Attribut:

- *validate-email*: Überprüft, ob es sich um eine syntaktisch korrekte E-Mail-Adresse handelt.
- *validate-numeric*: In diesem Feld dürfen ausschließlich numerische Angaben stehen.
- *validate-password:* Es wird überprüft, ob es sich um ein gültiges Passwort handelt.
- *validate-username:* Hierüber kann getestet werden, ob es sich um einen gültigen Benutzernamen handelt.

Ein sehr oft verwendeter Parametertyp ist *radio*. Damit lassen sich Optionsfelder, also Radiobuttons, definieren.

Abbildung 3.7: Hier wurden Radiobuttons definiert

Eine einfache *radio*-Anwendung könnte sein, dass im Backend über einen Parameter eingestellt wird, welche Farbversion im Frontend zu sehen ist.

```
<field name="farbe" type="radio" default="green"
 label="Farbe" description="Welche Farbe soll verwendet
                                                werden?" >
   <option value="blue">Blau</option>
   <option value="green">Grün</option>
</field>
```

Weitere wichtige Feldtypen sind *text* für Textfelder und *media* für Bildauswahlfelder.

```
<field name="logo" type="media" default=""
 label="Logo auswählen"
 description="Wählen Sie ein Bild aus" />
```

Durch *media* wird die bekannte *Auswählen*-Schaltfläche angezeigt. Klickt man sie an, öffnet das den Medienbereich von Joomla!.

Abbildung 3.8: So lassen sich Bilder auswählen

3.3 Parameterwerte auslesen

Das Definieren der Parameter in der *templateDetails.xml* ist nur der erste Schritt. Die im Backend eingestellten Parameterwerte müssen im eigentlichen Template bzw. in der *index.php* nutzbar gemacht werden.

Der Parameterwert lässt sich in der *index.php* auslesen. Das geschieht über den Aufruf *$this->params->get('parameterName');*:

```
<?php
 echo $this->params->get('breite');
?>
```

Auf diese Weise wird auf die in den einzelnen Template-Stilen verfügbaren Parameter zugegriffen. Im aktuellen Beispiel ist das der Name des auszulesenden Parameters, also *breite*. In der *templateDetails.xml* könnte dessen Definition dann folgendermaßen aussehen:

```
<field name="breite" type="text" default="90"
 label="Breite" description="Legen Sie die Template-Breite
                                         fest" filter="int" />
```

Oftmals werden Parameter für die variable Farbgestaltung oder Breitendefinitionen von Templates verwendet. Realisiert wird das über unterschiedliche CSS-Dateien, die je nach gewähltem Parameter im Frontend geladen werden. Im folgenden Beispiel werden zwei Farbversionen des Templates angeboten, die über das Backend eingestellt werden können:

- Blau
- Grün

Blau ist die Standardfarbe, die in der bereits vorhandenen *blue.css* definiert wurde. Die Grafiken für das blaue Layout liegen unter *images/blue*. Parallel dazu müssen die Grafiken nun auch für das grüne Layout angelegt werden. Diese Grafiken befinden sich unter *images/green*.

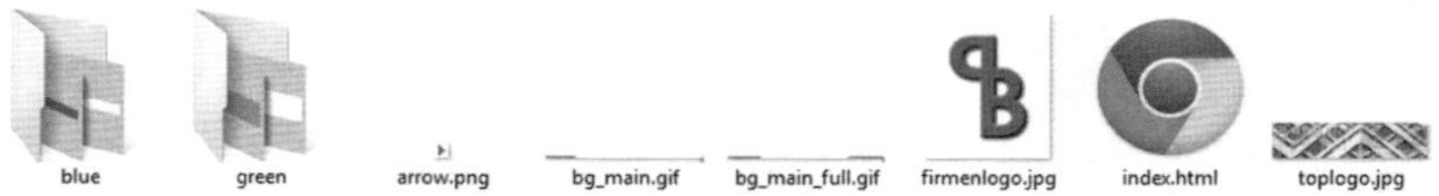

Abbildung 3.9: Das ist die aktuelle Verzeichnisstruktur

Ins CSS-Verzeichnis wird zusätzlich zur *blue.css* die *green.css* eingefügt. Diese ist fast identisch mit der *blue.css*, allerdings werden dort die Grafiken für das grüne Layout geladen.

```
#corporatelogo {
   background:transparent
   url('../images/green/firmenlogo.jpg') no-repeat left
top;
}
#topmen {
   background-color:#00bf7e;
}
#toplogo {
   background:transparent
   url('../images/green/toplogo.jpg')
   no-repeat left top;
}
#mainwrapper {
   background:transparent
   url('../images/green/bg_main.gif')
   repeat-y left top;
```

```
}
#mainwrapper_full {
   background:transparent
   url('../images/green/bg_main_full.gif')
   repeat-y left top;
}
```

Die Vorarbeiten sind damit abgeschlossen. Jetzt definieren Sie innerhalb der *templateDetails.xml* den gewünschten Parameter:

```
<config>
<fields name="params">
   <fieldset name="basic">
      <field name="breite" type="radio" default="blue"
       label="Farbe"
       description="Welche Farbe soll verwendet werden?" >
         <option value="blue">Blau</option>
         <option value="green">Grün</option>
      </field>
   </fieldset>
</fields>
</config>
```

Hier wurden zwei verschiedene Template-Farben definiert.

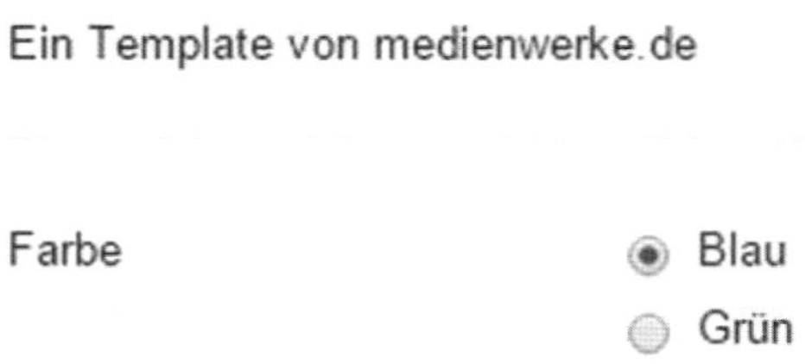

Abbildung 3.10: Die gewünschte Farbe kann über Optionsfelder ausgewählt werden

Interessant ist für die Parameterfunktion die Vergabe der Werte über das *value*-Attribut. Im gezeigten Beispiel wurden dafür *green* und *blue* verwendet. Die *templateDetails.xml* sieht jetzt folgendermaßen aus:

```
<?xml version="1.0" encoding="utf-8"?>
<!DOCTYPE install PUBLIC "-//Joomla! 2.5//DTD template
 1.0//EN" "http://www.joomla.org/xml/dtd/1.6/template-
                                                install.dtd">
<extension version="3.1" type="template" client="site">
<name>entwickler.press</name>
<version>1.01</version>
<creationDate>September 2014</creationDate>
<author>Daniel Koch</author>
<authorEmail>kontakt@medienwerke.de</authorEmail>
<authorUrl>http://www.http://wwww.medienwerke.de/
                                                </authorUrl>
<copyright>Copyright (C) 2014 entwickler.press</copyright>
<license></license>
<description>Ein Template von entwickler.press. Die
 verwendeten Positionen: banner, breadcrumbs, bottom, left,
 right, search, footer, user1, user2, top
</description>
  <files>
    <filename>index.php</filename>
    <filename>index.html</filename>
    <filename>templateDetails.xml</filename>
    <filename>template_thumbnail.png</filename>
    <filename>template_preview.png</filename>
    <filename>favicon.ico</filename>
    <folder>css</folder>
    <folder>images</folder>
  </files>
  <positions>
    <position>banner</position>
    <position>breadcrumb</position>
    <position>bottom</position>
    <position>footer</position>
    <position>left</position>
    <position>right</position>
    <position>search</position>
```

```
      <position>top</position>
      <position>user1</position>
      <position>user2</position>
    </positions>
    <config>
      <fields name="params">
        <fieldset name="basic">
        <field name="farbe" type="radio"
         default="blue" label="Farbe"
         description="Welche Farbe soll verwendet werden?" >
          <option value="blue">Blau</option>
          <option value="green">Grün</option>
        </field>
        </fieldset>
      </fields>
    </config>
  </extension>
```

Weiter geht es mit dem Anpassen des *link*-Elements der *index.php*. Das sieht momentan noch folgendermaßen aus:

```
$doc = JFactory::getDocument();

$doc->addStyleSheet(JUri::base() . 'templates/' . $this->
    template . '/css/blue.css', $type = 'text/css', $media =
                                         'screen,projection');


$doc->addStyleSheet(JUri::base() . 'templates/' . $this->
  template . '/css/template.css', $type = 'text/css', $media
                                       = 'screen,projection');
```

Der übergebene Wert wird in die *addStyleSheet*-Definition eingefügt. Dazu definiert man die Variable *$farbe,* der als Wert der Parameterwert von *farbe* übergeben wird. Dieser Wert lässt sich dann direkt in der *addStyleSheet*-Definition verwenden.

```
$farbe = $this->params->get('farbe');

$doc = JFactory::getDocument();

$doc->addStyleSheet(JUri::base() . 'templates/' . $this->
    template . '/css/' . htmlspecialchars($farbe) . '.css',
          $type = 'text/css', $media = 'screen,projection');


$doc->addStyleSheet(JUri::base() . 'templates/' . $this->
  template . '/css/template.css', $type = 'text/css', $media
                                  = 'screen,projection');
```

Legt man im Backend also die Option *Grün* fest, wird intern der Wert *green* übergeben. Das *link*-Element im Frontend sieht dann folgendermaßen aus:

```
<link rel="stylesheet" href="/joomla/templates/planbar/
                         css/green.css" type="text/css" />
```

Stellt man hingegen *Blau* ein, sieht das *link*-Element folgendermaßen aus:

```
<link rel="stylesheet" href="/joomla/templates/planbar/
                          css/blue.css" type="text/css" />
```

Durch *Blau* wird also der interne Wert *blue* übergeben. Beachten Sie, dass beim ersten Aufruf der Seite noch kein Parameter übergeben wird. Daher sollten Sie zumindest immer einen Aufruf fest kodieren.

```
$doc->addStyleSheet(JUri::base() . 'templates/' . $this->
    template . '/css/blue.css', $type = 'text/css', $media =
                                   'screen,projection');


$doc->addStyleSheet(JUri::base() . 'templates/' . $this->
    template . '/css/' . htmlspecialchars($farbe) . '.css',
          $type = 'text/css', $media = 'screen,projection');
```

```
$doc->addStyleSheet(JUri::base() . 'templates/' . $this->
  template . '/css/template.css', $type = 'text/css', $media
                                  = 'screen,projection');
```

In diesem Fall wird immer die *blue.css* geladen. Wird dann im Backend *Grün* eingestellt, überschreibt man damit die Definitionen der *blue.css*.

3.4 Modulcode verstecken: Spalten dynamisch ein- und ausblenden

Oftmals werden dreispaltige Layouts verwendet. Das ist in den meisten Fällen sicherlich sinnvoll.

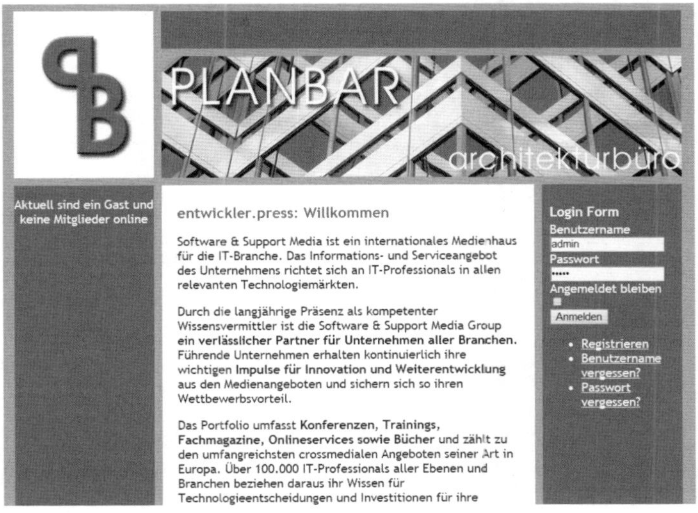

Abbildung 3.11: Hier scheint alles in Ordnung zu sein

Allerdings werden immer drei Spalten angezeigt, egal, ob Inhalte enthalten sind oder nicht. Auf der Abbildung ist ein durchaus stimmiges

Layout zu sehen. Was aber, wenn in der rechten Spalte kein Modul mehr vorhanden ist? Standardmäßig ist dann die rechte Spalte trotzdem noch für eben dieses (oder ein anderes) Modul reserviert. Besser wäre es doch, wenn diese Spalte nur dann angezeigt würde, wenn dort tatsächlich ein Modul eingeblendet wird. Und sobald das nicht der Fall ist, müsste die Seite automatisch von einem drei- zu einem zweispaltigen Layout wechseln.

Abbildung 3.12: So wird die Seite stimmiger

Jetzt sieht es schon besser aus. Das Modul wurde ebenfalls ausgeblendet. Gleichzeitig ist aber auch die rechte Spalte des Layouts verschwunden (gut zu erkennen an den Rahmen, die um die einzelnen Bereiche herum angezeigt werden). Nun wäre es natürlich fatal und aufwändig, wenn man dazu jedes Mal den HTML- und den CSS-Code anpassen müsste. Besser wäre es, wenn sich die Spalten automatisch an- und abschalteten.

Genau das ist auch möglich. Realisiert wird das Ganze über den Aufruf von *countModules*:

```
<?php if($this->countModules('condition')) : ?>
 tu was
<?php else : ?>
 etwas anderes
<?php endif; ?>
```

Im einfachsten Fall überprüft man, ob innerhalb des Templates an der angegebenen Position ein Modul eingeblendet wurde:

```
<?php if ($this->countModules('user1')) : ?>
<div class="user1">
<jdoc:include type="modules" name="user1" style="rounded"/>
</div>
<?php endif; ?>
```

In diesem Beispiel wird die Modulposition *user1* auf das Vorhandensein eines Moduls überprüft. Ist dort ein Modul vorhanden, wird der entsprechende *div*-Bereich mit dem darin befindlichen *jdoc*-Element eingefügt.

Bislang wurde lediglich überprüft, ob sich innerhalb einer angegebenen Position ein Modul befindet. Nun kann es aber ebenso sein, dass man überprüfen muss, ob innerhalb mehrerer Positionen Module eingebunden wurden. Joomla! stellt dafür eine spezielle Syntax und diverse Operatoren zur Verfügung:

```
$this->countModules('user1 + user2')==5;
```

Hier wird die Anzahl der innerhalb der beiden Positionen *user1* und *user2* enthaltenen Werte geprüft. Ebenso einfach können Sie überprüfen, ob an mehreren Positionen Module enthalten sind:

```
$this->countModules('user1 and user2');
```

Diese Syntax überprüft, ob innerhalb von *user1* und *user2* Module vorkommen. Nur wenn das tatsächlich an beiden Positionen der Fall ist, ist die Bedingung erfüllt. Beachten Sie, dass es in diesem Zusammenhang immer wieder zu Syntaxproblemen kommt, denn oftmals wird von folgender Syntax ausgegangen:

```
$this->countModules('user1' and 'user2');
```

Hier wurden also die beiden Positionen jeweils einzeln in Anführungszeichen gesetzt. Das ist so jedoch nicht richtig und führt zu einem Syntaxfehler. Die Syntax muss folgendermaßen aussehen:

```
<?php if ($this->countModules('user1 or user2')) : ?>
<div class="right">
<jdoc:include type="modules" name="user1" />
<jdoc:include type="modules" name="user2" />
</div>
<?php endif; ?>
```

Die Positionen und der Operator müssen also gemeinsam in Anführungszeichen gesetzt werden. Joomla! stellt eine Vielzahl an Operatoren zur Verfügung. So wird im folgenden Beispiel überprüft, ob innerhalb der Position *top* ein Modul vorhanden ist. Und wenn hier von „ein Modul" die Rede ist, ist damit tatsächlich exakt ein Modul gemeint. Enthält die Position also zwei oder mehr Module, ist die Bedingung nicht erfüllt. Ebenso kann man den Operator *!=* verwenden. Hier wird *true* zurückgeliefert, wenn die Anzahl der innerhalb von *top* angegebenen Module ungleich *1* ist. Die Bedingung ist also immer dann erfüllt, wenn in *top* weniger oder mehr als ein Modul steht.

```
<?php if($this->countModules('top') != 1) : ?>
<div id="topmen">
<jdoc:include type="modules" name="top" /></div>
<?php endif; ?>
```

Dasselbe Ergebnis wie mit *!=* erzielen Sie übrigens auch mit dem Operator <>. Die folgende Tabelle zeigt alle in Joomla! verfügbaren Operatoren.

Operator	Beispiel	Beschreibung
+	if($this-> countModules('top + left') == 1) :	Die Bedingung ist dann erfüllt, wenn die Anzahl der in den Positionen *top* und *left* enthaltenen Module exakt *1* ist.
-	if($this-> countModules('top - left') == 2) :	Die Bedingung ist dann erfüllt, wenn die Anzahl der in der Position *top* minus der Anzahl in der Position *left* enthaltenen Module exakt *2* ist.
*	if($this-> countModules('top * left') == 3) :	Multipliziert die Anzahl der in den beiden Positionen *top* und *left* enthaltenen Module. Das Ergebnis muss in diesem Beispiel *3* lauten, damit die Bedingung erfüllt ist.
/	if($this-> countModules('top / left') == 1) :	Dividiert die Anzahl der in den beiden Positionen *top* und *left* enthaltenen Module. Das Ergebnis muss in diesem Beispiel *1* lauten, damit die Bedingung erfüllt ist.
==	if($this-> countModules('top == left')) :	Liefert *true*, wenn die Anzahl der Module in den Positionen *top* und *left* identisch ist.
!=	if($this-> countModules('top != left')) :	Liefert *true*, wenn die Anzahl der Module in den Positionen *top* und *left* ungleich ist.
<>	if($this-> countModules('top <> left')) :	Hat den gleichen Effekt wie *!=*.
<	if($this-> countModules('top < left')) :	Liefert *true*, wenn innerhalb von *top* weniger Module als in *left* enthalten sind.

>	if($this-> countModules('top > left')) :	Liefert *true*, wenn innerhalb von *top* mehr Module als in *left* enthalten sind.
<=	if($this-> countModules('top <= left')) :	Liefert *true*, wenn innerhalb von *top* weniger oder genauso viele Module wie in *left* enthalten sind.
>=	if($this-> countModules('top >= left')) :	Liefert *true*, wenn innerhalb von *top* mehr oder genauso viele Module wie in *left* enthalten sind.
and	if($this-> countModules('top and left')) :	Liefert *true*, wenn in top und *left* jeweils mindestens ein Modul enthalten ist.
or	if($this-> countModules('top or left')) :	Liefert *true*, wenn in *top* oder *left* oder in beiden mindestens ein Modul enthalten ist.
xor	if($this-> countModules('top xor left')) :	Liefert *true*, wenn in *top* oder *left*, nicht aber in beiden, mindestens ein Modul enthalten ist.

Tabelle 3.1: Verfügbare Operatoren in Joomla!

3.4.1 Kurzschreibweisen verwenden

In PHP können Sie anstelle aufwändiger *if*-Anweisungen auch die so genannten Short Conditionals verwenden. Diese sind deutlich kürzer als klassische *if*-Abfragen. Eine Syntax wie die nachfolgende kennen Sie:

```
if ($variable) {
   $ergebnis = 1;
}
else {
   $ergebnis = 0;
}
```

Hier wird überprüft, ob es die Variable *$variable* gibt. Ist das der Fall, wird der Wert von *$ergebnis* auf *1* gesetzt. Andernfalls greift der *else*-Zweig. Eine solche Definition lässt sich deutlich kürzer schreiben. Die allgemeine Syntax sieht dann folgendermaßen aus:

```
(Bedingung) ? true : false;
```

Trifft die Bedingung zu, greift der Wert, der nach dem Fragezeichen steht. Ist die Bedingung nicht erfüllt, wird auf den Wert hinter dem Doppelpunkt zurückgegriffen. Die eingangs gezeigte *if-else*-Definition könnte man demnach so abkürzen:

```
$ergebnis = ($variable) ? 1 : 0;
```

Das folgende Beispiel zeigt, wie sich diese Syntax praktisch anwenden lässt:

```
$has_user1 = ($this->countModules('user1')) ? 1 : 0;
$has_user2 = ($this->countModules('user2')) ? 1 : 0;
$has_user3 = ($this->countModules('user3')) ? 1 : 0;


if ( ($has_user1 + $has_user2 + $has_user3) == 1 ) {
   $user1 = 'user1gross';
   $user2 = 'user2gross';
   $user3 = 'user3gross';
} else if ( ($has_user1 + $has_user2 + $has_user3) == 2 ) {
   $user1 = 'user1mittel';
   $user2 = 'user2mittel';
   $user3 = 'user3mittel';
} else {
   $user1 = 'user1klein';
   $user2 = 'user2klein';
   $user3 = 'user3klein';
}
```

Hier werden zunächst einige Variablen deklariert. Innerhalb dieser Variablen wird überprüft, ob die jeweiligen Positionen ein Modul enthalten, wie im folgenden Beispiel illustriert:

```
$this->countModules('user1')) ? 1 : 0;
```

Diese Abfrage liefert *1*, wenn *user1* ein Modul enthält. Der Wert *0* wird geliefert, wenn kein Modul enthalten ist. Anschließend können die einzelnen Positionen abgefragt und die zurückgelieferten Werte addiert werden. Abhängig von diesem Ergebnis werden dann die entsprechenden Werte gesetzt.

3.4.2 Spalten ein- und ausblenden

Hier kann überprüft werden, wie viele Module links, rechts oder auf beiden Seiten vorhanden sind. Im aktuellen Beispiel wird eine Abfrage benötigt, die überprüft, ob in der rechten Spalte Inhalte vorhanden sind. Befindet sich dort kein Content, soll die Spalte nicht angezeigt, der Platz aber entsprechend ausgefüllt werden. Dafür gibt es nun verschiedene Herangehensweisen. Am besten erweitert man jedoch die *index.php* um einige Abfragen, dazu folgendes Beispiel:

```
<?php if($this->countModules('left and right')) : ?>
<div id="mainwrapper_full">
<?php else: ?>
<div id="mainwrapper">
<?php endif; ?>
```

Damit wird also überprüft, ob in den beiden Positionen *left* und *right* mindestens ein Modul enthalten ist. Ist das der Fall, wird der *div*-Bereich mit der ID *mainwrapper_full* geladen. Ist kein Modul vorhanden, wird automatisch *mainwrapper* verwendet. Ähnlich gestaltet sich das für den mittleren Bereich:

```
<?php if($this->countModules('left and right')) : ?>
<div id="contentwrapper_full">
<?php else: ?>
<div id="contentwrapper">
<?php endif; ?>
```

Auch hier wurden zwei Bereiche definiert. Welche der beiden Varianten letztendlich geladen wird, hängt davon ob, ob links und/oder rechts ein Modul vorhanden ist. Für die rechte Spalte sieht es etwas anders aus. Hier wird ausschließlich überprüft, ob in der rechten Spalte etwas enthalten ist. Nur wenn diese Abfrage erfüllt ist, wird der rechte Bereich eingeblendet.

```
<?php if($this->countModules('right')) : ?>
<div id="rightwrapper">
  <jdoc:include type="modules" name="right" />
</div>
<?php endif; ?>
```

Auf diese Weise können Sie ganz gezielt Spalten ein- und ausblenden.

Und auch hier natürlich wieder ein Blick auf das Beispiel-Template:

```
<body>
<div id="wrapper">
<div id="topwrapper">
  <div id="corporatelogo">
    <jdoc:include type="modules" name="user1" />
  </div>
  <div id="topright">
    <div id="topmen">
      <jdoc:include type="modules" name="top" />
    </div>
    <div id="toplogo">
      <jdoc:include type="modules" name="user2" />
    </div>
  </div>
  <div class="clear"></div>
</div>
```

```
<?php if($this->countModules('left and right')) : ?>
<div id="mainwrapper_full">
<?php else: ?>
<div id="mainwrapper">
  <?php endif; ?>
<div id="leftwrapper">
    <?php if($this->countModules('search')) : ?>
<div id="search">
      <jdoc:include type="modules" name="search" />
    </div>
    <?php endif; ?>
<div id="men">
      <jdoc:include type="modules" name="left" />
    </div>
  </div>
  <?php if($this->countModules('left and right')) : ?>
<div id="contentwrapper_full">
    <?php else: ?>
<div id="contentwrapper">
      <?php endif; ?>
<div id="breadcrumbs">
        <jdoc:include type="modules" name="breadcrumbs" />
      </div>
      <?php if($this->countModules('banner')) : ?>
<div id="banner">
        <jdoc:include type="modules" name="banner"/>
      </div>
      <?php endif; ?>
<div id="content">
        <jdoc:include type="component" />
      </div>
      <?php if($this->countModules('bottom')) : ?>
<div id="bottom">
        <jdoc:include type="modules" name="bottom"/>
      </div>
      <?php endif; ?>
</div>
    <?php if($this->countModules('right')) : ?>
<div id="rightwrapper">
      <jdoc:include type="modules" name="right" />
    </div>
```

```
    <?php endif; ?>
<div class="clear"></div>
  </div>
  <div id="footer">
    <jdoc:include type="modules" name="footer" />
  </div>
  <jdoc:include type="message" />
</div>
</body>
```

Und nun muss noch die CSS-Datei entsprechend erweitert werden – zunächst die relevanten Passagen der *template.css*:

```
#mainwrapper {
   margin-top:10px;
   width:860px;
   min-height:260px;
}
#mainwrapper_full {
   margin-top:10px;
   width:860px;
   min-height:260px;
}
#contentwrapper {
   width:630px;
   float:left;
   margin-left:30px;
   padding-bottom:10px;
}
#contentwrapper_full {
   width:440px;
   float:left;
   margin-left:30px;
   padding-bottom:10px;
}
```

Auch die *blue.css* wird angepasst, da die Hintergrundbilder ebenfalls variieren müssen. Hier zunächst das Bild, das angezeigt werden soll, wenn links und rechts Module vorhanden sind.

Abbildung 3.13: Diese Grafik wird für drei Spalten verwendet

Anders stellt es sich dar, wenn rechts kein Modul vorhanden ist.

Abbildung 3.14: Jetzt wird nur eine Spalte geladen

Dementsprechend muss die *blue.css* geladen werden:

```
#mainwrapper {
   background:transparent
   url('../images/blue/bg_main.gif')
   repeat-y left top;
}
#mainwrapper_full {
   background:transparent
   url('../images/blue/bg_main_full.gif')
   repeat-y left top;
}
```

Auf diese Weise können Sie ganz gezielt Spalten ein- und ausblenden.

4 Mehrsprachige Templates

In diesem Kapitel wird gezeigt, wie sich Templates mehrsprachig gestalten lassen. Darum geht es am Anfang dieses Kapitels. Im Anschluss daran wird ein kurzer Blick auf das so genannte System-Template geworfen.

Joomla! können Sie bekanntermaßen mehrsprachig betreiben. Diese Möglichkeit sollten Sie auch für Ihr Template in Betracht ziehen. Das Übersetzungssystem von Joomla! ist dabei sehr einfach und fehlerresistent. Fehlt eine Übersetzungsdatei oder wurde ein einzelnes Wort nicht übersetzt, greift Joomla! auf das Standardwort zurück.

In Joomla! gibt es verschiedene Übersetzungsmöglichkeiten:

- Zum einen kann man den Installationsprozess und die Modulpositionen übersetzen.
- Übersetzungen sind auch im Frontend durchzuführen.
- Übersetzen lassen sich ebenfalls die Parameter und Hilfetexte, die im Backend angezeigt werden.

4.1 Dateien anlegen

Für jede Erweiterung von Joomla! stehen eine oder mehrere Sprachdateien zur Verfügung. Zu finden sind diese im *language*-Verzeichnis. Innerhalb dieses Verzeichnisses gibt es Unterverzeichnisse zu den unterschiedlichsten Sprachen. Wenn Sie das deutsche Sprachpaket installiert haben, finden Sie darin standardmäßig zwei Verzeichnisse.

- *de-DE*
- *en-GB*

Im Gegensatz zu den allgemeinen Sprachdateien sollten die des Templates direkt im jeweiligen Template-Verzeichnis gespeichert werden.

Heißt das Template also *planbar*, liegen die Übersetzungsdateien im folgenden Verzeichnis: *planbar/language/[ln-LN]*

wobei hier *planbar* durch den tatsächlichen Template-Namen zu ersetzen ist.

Der tatsächliche Verzeichnisname – hier mit *[ln-LN]* dargestellt – muss sich an den in der Spezifikation RFC 3066 festgelegten Sprachkürzeln orientieren. Für deutsche Sprachdateien muss man demnach das Verzeichnis *de-DE* anlegen. Englische Übersetzungen gehören hingegen in das Verzeichnis *en-GB*.

Auch die Namen der Sprachdateien sind genormt: *[ln-LN].tpl_[template-name].ini.*

Anstelle von *[template-name]* muss dort der Name des Templates angegeben werden. Im Fall von *planbar* sähe das für eine englische Übersetzungsdatei also folgendermaßen aus: *planbar/language/en-GB.tpl_planbar.ini*

Der im Dateinamen verwendete Name muss dabei mit dem Verzeichnisnamen des Templates exakt übereinstimmen. Tut er das nicht, greift die Übersetzung nicht.

Es gibt zwei unterschiedliche Dateitypen für Übersetzungen. Die normalen INI-Dateien enthalten alle Template-internen Sprachübersetzungen. Über die Dateien mit dem Namen *sys.ini* werden hingegen alle Übersetzungen definiert, die das eigentliche Joomla!-System betreffen.

Damit die Übersetzungen tatsächlich funktionieren, müssen die Sprachdateien der gewünschten Sprachen installiert sein. Die Übersetzungen für die Modulpositionen und den Installationsprozess liegen im selben Verzeichnis wie die bereits vorgestellte INI-Datei. Der eigentliche Dateiname muss wieder dem bereits bekannten Schema entsprechen: *en-GB.tpl_planbar.sys.ini.*

Im folgenden Beispiel wird davon ausgegangen, dass im Backend *Deutsch* als Standardsprache festgelegt wurde. Das Template wird zweisprachig gestaltet, wobei Englisch und Deutsch berücksichtigt werden. Legen Sie sich dazu unter *templates/planbar* ein *language*-Verzeichnis an. Innerhalb dieses Verzeichnisses müssen zwei Unterverzeichnisse definiert werden:

- *templates/planbar/language/de-DE*
- *templates/planbar/language/en-GB*

Darin müssen nun die jeweiligen Sprachdateien (*ini* und *sys.ini*) angelegt werden. Am besten legt man sich die Dateien erst für eine Sprache an, kopiert sie dann in das Verzeichnis der anderen Sprache und übersetzt dort die Strings. Sind die Dateien angelegt, muss auch die *templateDetails.xml* angepasst werden:

```
<languages folder="admin">
      <language tag="en-GB">
      en-GB/en-GB.tpl_planbar.ini
      </language>
    <language tag="en-GB">
      en-GB/en-GB.tpl_planbar.sys.ini
      </language>
      <language tag="de-DE">
      de-DE/de-DE.tpl_planbar.ini
  </language>
      <language tag="de-DE">
      de-DE/de-DE.tpl_planbar.sys.ini
      </language>
  </languages>
```

Die Übersetzungen innerhalb der Dateien müssen dann ebenfalls einem festen Schema folgen:

```
KEY=Value
```

Dabei ist *KEY* die zu übersetzende Zeichenkette (Konstante), *Value* enthält die Übersetzung. Zwei Beispiele für typische Einträge in der *de-DE.tpl_planbar.ini*:

```
TPL_PLANBAR_FIELD_SITETITLE_LABEL="Seitentitel"

TPL_PLANBAR_FIELD_SITETITLE_TEXT="Geben Sie den Seitentitel
an. Er wird nur angezeigt, wenn das Logo ausgeblendet ist."
```

Hier wurden zwei Schlüssel-Wert-Paare angelegt. Für die Definition der Übersetzungen gibt es einige Regeln, die es zu beachten gilt:

- Die Konstanten müssen in Großbuchstaben geschrieben werden.
- Zwischen Konstante und Text muss ein Gleichheitszeichen stehen.
- Die Übersetzungstexte stehen in Anführungszeichen.
- Es gibt einige reservierte Wörter und Zeichen, die nicht als Konstanten verwendet werden sollten. Das sind *Yes, No, Null, True, False, none, off, on, {}, &, [], (), ^* und das Komma.

Die definierten Konstanten können nun an den verschiedensten Stellen eingesetzt werden. Da wäre zunächst die *templateDetails.xml*. Interessant ist hier in erster Linie die Parametrisierung. So kann man die gesamten Parameterbeschreibungstexte ablegen.

Die zuvor definierten Schlüssel könnten in der *templateDetails.xml* folgendermaßen verwendet werden:

```
<field name="sitetitle"  type="text" default=""
 label="TPL_PLANBAR_FIELD_SITETITLE_LABEL"
 description="TPL_PLANBAR_FIELD_SITETITLE_DESC"
/>
```

Ruft man jetzt den Parameterbereich des Templates auf, wird deutlich, dass anstelle der Schlüssel tatsächlich die richtigen Texte angezeigt werden.

Öffnen Sie nun die *language/en-GB/en-GB.tpl_planbar.ini* und tragen Sie dort die Übersetzung ein:

```
TPL_PLANBAR_FIELD_SITETITLE_LABEL="Pagetitle"
TPL_PLANBAR_FIELD_SITETITLE_LABEL=" Please add your site
title here, it's only displayed if you don't use a logo"
```

Wenn Sie nun die Backend-Sprache auf Englisch umstellen, werden Sie sehen, dass die Übersetzungen greifen. Rufen Sie dafür Erweiterungen | Sprachen auf. Unter Installiert – Administrator stellen Sie als Standardsprache *English (United Kingdom)* ein.

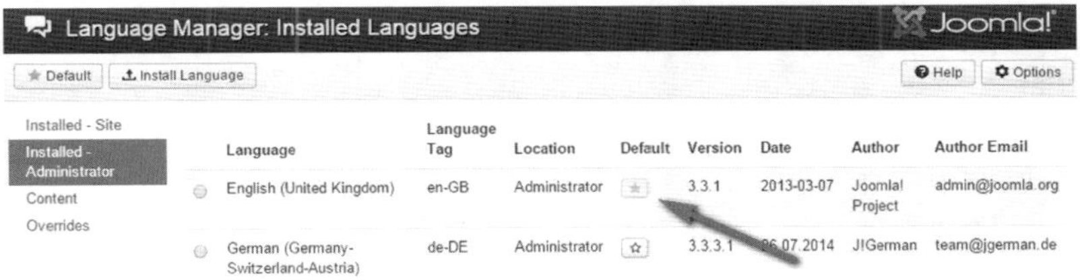

Abbildung 4.1: Die Sprache wurde eingestellt

Ein anschließender Blick unter Extensions | Template Manager und Anklicken des Namens liefert im Register Options das gewünschte Ergebnis. Auf diese Weise können Sie sämtliche Parameter übersetzen.

4.2 Positionsangaben übersetzen

Ruft man im Backend Erweiterungen | Module auf und klickt auf einen Modulnamen, kann man dort über das Feld *Position* die Position angeben, an der das Modul angezeigt werden soll.

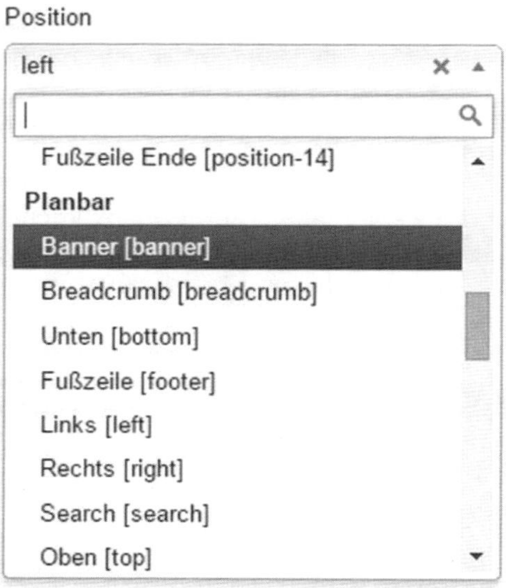

Abbildung 4.2: Das ist die deutschsprachige Oberfläche

Darin sind die Positionsnamen enthalten. Woher Joomla! diese Informationen ausliest, wird deutlich, wenn Sie sich den *positions*-Bereich der *templateDetails.xml* ansehen.

```
<positions>
    <position>banner</position>
    <position>breadcrumb</position>
    <position>bottom</position>
    <position>footer</position>
    <position>left</position>
    <position>right</position>
    <position>search</position>
    <position>top</position>
    <position>user1</position>
    <position>user2</position>
</positions>
```

Joomla! liest die hier angegebenen Positionsnamen aus und sortiert sie alphabetisch. Die Positionsnamen werden jeweils unterhalb der Template-Namen aufgelistet. In Klammern folgt der Positionsname, beispielsweise *Links* oder *Rechts*. Was passiert nun aber, wenn man die Backend-Sprache auf *Englisch* umstellt?

Dann werden ebenfalls die verwendeten Positionen angezeigt. Allerdings wurden die in Klammern angezeigten Werte ins Englische übersetzt. Aus *Links* wurde *Left*, aus *Rechts* wurde *Right* etc. Da stellt sich natürlich die Frage, woher Joomla! die in Klammern stehenden Werte eigentlich nimmt! Joomla! greift auf Standardwerte zu. Gibt man in seiner *templateDetails.xml* also den Positionsnamen *left* an, erkennt das Joomla! und macht daraus in Klammern gesetzt den Wert *Links*. Wird die Backend-Sprache dann auf Englisch umgestellt, wird daraus *Left*. Die Positionsangaben sind also mehrsprachig. Diese Standardtexte lassen sich anpassen, und fehlende Positionsnamen – wie beispielsweise bei *search* – können Sie einfügen. Das geschieht in den *sys.ini*-Dateien.

Heißt das Template *Planbar*, könnte die *sys.ini* für die deutsche Benutzeroberfläche folgendermaßen aussehen:

```
TPL_PLANBAR_POSITION_BANNER="Das Werbebanner"
TPL_PLANBAR_POSITION_BREADCRUMB="Oberer Seitenbereich"
TPL_PLANBAR_POSITION_BOTTOM="Brotkrumen-Menü"
TPL_PLANBAR_POSITION_FOOTER="Das ist der Fußbereich"
TPL_PLANBAR_POSITION_LEFT="Die linke Seite"
TPL_PLANBAR_POSITION_RIGHT="Die rechte Seite"
TPL_PLANBAR_POSITION_SEARCH="Die Suchfunktion"
TPL_PLANBAR_POSITION_TOP="Die obere Position"
TPL_PLANBAR_POSITION_USER1="Benutzerdefinierte Position 1"
TPL_PLANBAR_POSITION_USER2="Benutzerdefinierte Position 2"
```

Geben Sie also immer den Template-Namen gefolgt von *POSITION* und der definierten Position an. Hinter dem Gleichheitszeichen folgen dann die Beschreibungen, die angezeigt werden sollen. Wirft man jetzt erneut einen Blick auf die Positionsangaben im deutschsprachigen Backend, fällt auf, dass die Änderungen übernommen wurden.

Wiederholen Sie die Einstellungen nun noch für die Datei *en-GB.tpl_planbar.sys.ini*, die im Verzeichnis *language/en-GB* Ihres Templates liegt. Dort müssen Sie dann allerdings die englischen Texte einfügen.

4.3 Installationsroutine übersetzen

Nach erfolgreicher Template-Installation wird üblicherweise ein kleiner Text angezeigt, in dem Informationen über das Template enthalten sind.

Abbildung 4.3: Um diesen Text geht es jetzt

Definiert wird dieser Text innerhalb der *templateDetails.xml*:

```
<description>
    <![CDATA[<h1>planbar - Ein medienwerke.de-Template
                                                  </h1>]]>
</description>
```

Diesen Text können Sie ebenfalls mehrsprachig gestalten. Wird das Template auf einer deutschsprachigen Oberfläche installiert, ist der deutsche

Text zu sehen. Wird hingegen eine englische Oberfläche eingestellt, wird der Beschreibungstext in Englisch angezeigt. Dazu ersetzen Sie innerhalb der *templateDetails.xml* den fest eingefügten Text durch einen Schlüssel:

```
<description>TPL_PLANBAR_XML_DESCRIPTION</description>
```

Diesen Schlüssel und dessen Wert definieren Sie anschließend innerhalb der Sprachdateien *en-GB.tpl_planbar.sys.ini* und *de-DE.tpl_planbar.sys.ini*, wobei Sie darauf achten müssen, dass in der *en-GB.tpl_planbar.sys.ini* die englische Beschreibung steht. Für die deutsche Sprachdatei sähe der Eintrag folgendermaßen aus:

```
TPL_PLANBAR_XML_DESCRIPTION="Ein medienwerke.de-Template:
Die verwendeten Positionen: banner, breadcrumbs, bottom,
left, right, search, footer, user1, user2, top"
```

Der Text wird dann nach erfolgreicher Template-Installation angezeigt, und zwar in der im Backend eingestellten Sprache.

4.4 Frontend-Ausgabe übersetzen

Ähnlich einfach können Sie auch im eigentlichen Template, also in der *index.php*, auf die Werte zugreifen. Verwendet wird hierfür *JText()*.

```
<?php echo JText::_('TPL_PLANBAR_FIELD_SITETITLE_LABEL');?>
```

JText::_() ermittelt immer automatisch die aktuell eingestellte Sprache und liest die passenden Zeichenketten aus den Sprachdateien aus. Fehlt eine Übersetzung, wird die in Klammern stehende Zeichenkette ausgegeben. Um fehlende Übersetzungen zu ermitteln, aktivieren Sie im Backend unter SYSTEM | KONFIGURATION | SYSTEM die Option JA bei SPRACHE DEBUGGEN.

Abbildung 4.4: Die „Debuggen"-Funktion wird aktiviert

Joomla! zeigt daraufhin möglicherweise vorhandene fehlende Übersetzungen an. Damit es tatsächlich eine Ausgabe gibt, muss *echo* genutzt werden. Hier wird also auf den in der INI-Sprachdatei definierten Schlüssel *TPL_PLANBAR_FIELD_SITETITLE_LABEL* zugegriffen, und der dort hinterlegte Seitentitel wird ausgegeben. Der Schlüsselwert wird dann jeweils übersetzt, wenn die Frontend-Sprache gewechselt wird. Auf diese Weise können Sie also in Ihren INI-Dateien Schlüssel-Wert-Paare definieren, um mit deren Hilfe die Ausgabe im Frontend über das Template mehrsprachig zu gestalten.

Welche Inhalte im Frontend überhaupt übersetzt werden können, kann man sich ganz einfach anzeigen lassen. Rufen Sie dazu System | Konfiguration | System auf und stellen Sie die Option Sprache debuggen auf *Ja*. Ein anschließender Blick ins Frontend der Seite zeigt die übersetzbaren Inhalte.

Sämtliche Zeichenketten, die in Sterne eingeschlossen sind, lassen sich tatsächlich übersetzen.

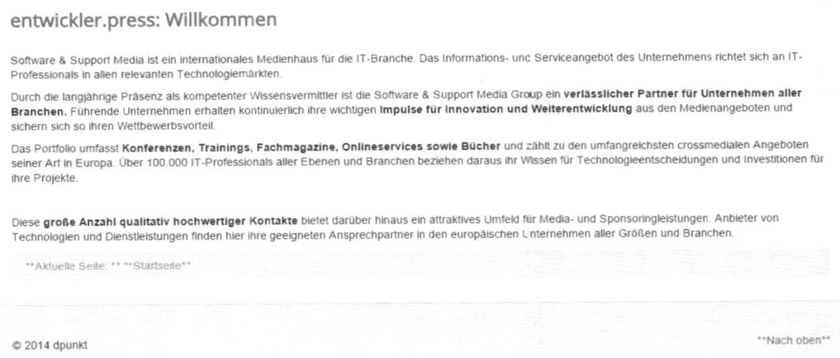

Abbildung 4.5: Diese Inhalte lassen sich übersetzen

4.5 Das System-Template

Joomla! bringt ein spezielles System-Template mit. Dieses Template erfüllt ganz unterschiedliche Aufgaben:

- Die Ausgabe von Fehlermeldungen
- Die Anzeige diverser Statusmeldungen
- Die Offlinemeldung

Das Template greift immer dann, wenn für die entsprechenden Aufgaben im aktuell verwendeten Template keine eigene Ansicht definiert wurde. Auf den folgenden Seiten geht es nun darum, wie Sie die Standardsystem- und -fehlermeldungen, für die eigentlich das System-Template verantwortlich ist, Ihren eigenen Wünschen entsprechend anpassen können.

Systemmeldungen verändern

Systemmeldungen werden beispielsweise angezeigt, wenn die Registrierung im Frontend fehlschlägt.

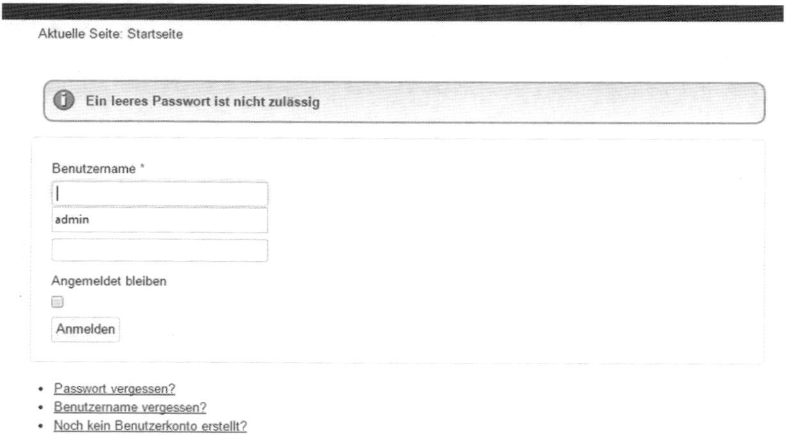

Abbildung 4.6: Die Registrierung ist fehlgeschlagen

Dabei wird zwischen drei verschiedenen Arten von Systemmeldung unterschieden:

- Nachrichten – wenn beispielsweise eine E-Mail nicht verschickt werden konnte
- Fehler – wenn beispielsweise die Registrierung nicht geklappt hat
- Warnungen – wenn beispielsweise ein Formular nicht vollständig ausgefüllt wurde

Die CSS-Datei, über die sich das System-Template formatieren lässt, binden Sie folgendermaßen in Ihre *index.php* ein:

```
$doc->addStyleSheet(JUri::base() . 'templates/system/css/
                                              system.css');
```

Normalerweise ist es nicht sinnvoll, die *system.css* direkt zu verändern. Stattdessen bindet man eine weitere CSS-Datei hinter dieser *system.css* in die *index.php* ein. Dadurch lassen sich die in der *system.css* stehenden Eigenschaften in der neuen Datei überschreiben.

```
#system-message dt.error {
   position:absolute;
   top:-2000px;
   left:-3000px;
}
```

Um die Statusmeldungen in der *index.php* anzuzeigen, wird folgendes Element verwendet:

```
<jdoc:include type="message" />
```

An welcher Stelle der *index.php* dieses Element notiert wird, ist nicht festgelegt, oft gibt man es aber direkt oberhalb von *component* an.

```
<jdoc:include type="message" />
<jdoc:include type="component" />
```

Vom System werden für Status- und Fehlermeldungen einige Standardgrafiken verwendet. Diese finden Sie im Verzeichnis *media/system/images*. Wollen Sie eigene Grafiken anzeigen lassen, legen Sie innerhalb Ihres Template-Verzeichnisses unter *images* ein *system*-Verzeichnis an. Darin platzieren Sie die geänderten Systemgrafiken. Dabei müssen dieselben Namen wie im Original-*system*-Verzeichnis verwendet werden. Joomla! überprüft bei jedem Aufruf, ob für eine Standardgrafik im Template-Verzeichnis eine Alternative vorhanden ist. Ist das der Fall, wird diese Grafik angezeigt, andernfalls verwendet Joomla! die Standardgrafik.

5 Die Modul- und Komponentenausgabe überschreiben

Ein Feature, das erst mit Joomla! 1.5 eingeführt wurde, ist das „Template Overriding“. Diese Funktion bietet Template-Entwicklern die Möglichkeit, die Ausgabe von Joomla! direkt zu steuern. Das gilt dann nicht nur für die Codeinhalte, sondern auch für beliebige Erweiterungen. Um es auf den Punkt zu bringen: Das, was Komponenten oder Module im Frontend ausgeben wollen, können Sie überschreiben.

Das Besondere an diesen Overrides wird deutlich, wenn man sich vor Augen hält, aus welchen Gründen Joomla! immer wieder Kritik ausgesetzt ist. Joomla! wurde vorgeworfen, sich nicht an Webstandards zu halten, nicht barrierefrei zu sein und mit Layouttabellen zu arbeiten. Mit der 1.5er-Version legten die Joomla!-Core-Entwickler die Verantwortung für den generierten Code wieder in die Hände der Template-Entwickler. Wollte man „früher“ die Ausgabe beeinflussen, musste man sich so genannter Core Hacks bedienen. Das Problem dabei: Bei jedem Joomla!-Update wurden die Änderungen überschrieben. In Joomla! ab Version 1.5 werden die Anpassungen nun im Template selbst gemacht. Man kann sie also in seine Webseite integrieren, ohne befürchten zu müssen, dass sie bei einem Update verloren gehen. Zwar wird seit Version 1.6 ohne Layouttabellen gearbeitet, dennoch sind Overrides wichtig, schließlich kann man mit ihnen die Ausgabe der Module und Komponenten ganz gezielt steuern.

Mit den Template-Overrides lässt sich die Core-Ausgabe überschreiben. Ermöglicht wird das durch die so genannten Template-Dateien, die mit den Layoutschichten von Modulen und Komponenten korrespondieren.

Joomla! überprüft, ob eine solche Datei im Template-Verzeichnis enthalten ist. Ist das der Fall, benutzt Joomla! diese Datei und überschreibt damit die Standardausgabe.

Zum Überschreiben der Frontend-Ausgabe wird auf das Prinzip des Model-View-Controller gesetzt, wodurch eine strikte Trennung zwischen Darstellung und Inhalt möglich wird. Die Architektur dieses Prinzips setzt sich aus drei Bausteinen zusammen:

- dem Model, in dem die eigentliche Logik und die darzustellenden Daten enthalten sind
- der View, die für die eigentliche Darstellung verantwortlich ist
- dem Controller, der für die Steuerung sorgt

Aus Template-Sicht sind eigentlich nur die Views interessant, da ausschließlich darüber die Ausgabe der Inhalte gesteuert wird.

5.1 Module überschreiben

Das Überschreiben der Module funktioniert ausschließlich im jeweils aktuellen Template. Die zweite Voraussetzung, damit das Overriding klappt: Die Dateien müssen sich innerhalb des *html*-Verzeichnisses der Template-Struktur befinden.

Wichtig zu wissen ist, dass jedes Modul ein *tmpl*-Verzeichnis besitzt, in dem die Templates enthalten sind.

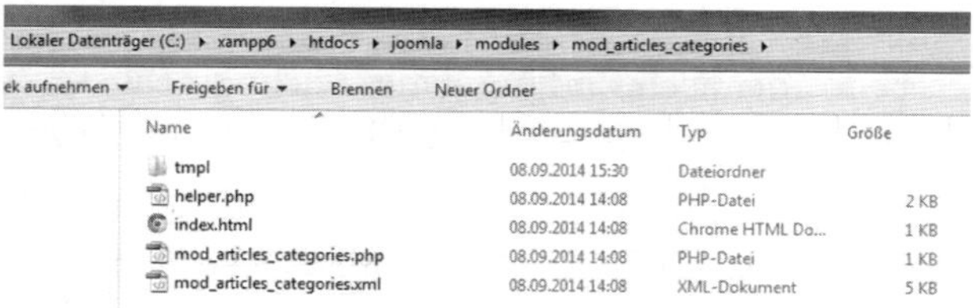

Abbildung 5.1: Auch hier gibt es ein „tmpl“-Verzeichnis

In diesem Verzeichnis liegen die PHP-Dateien, über die die Ausgabe gesteuert wird. Welche Dateien das letztendlich sind, hängt vom Modul ab. Das Überschreiben der Ausgabe von Modulen lässt sich am besten anhand eines Beispiels verdeutlichen. Werfen Sie zunächst einen Blick auf die Abbildung auf der nächsten Seite.

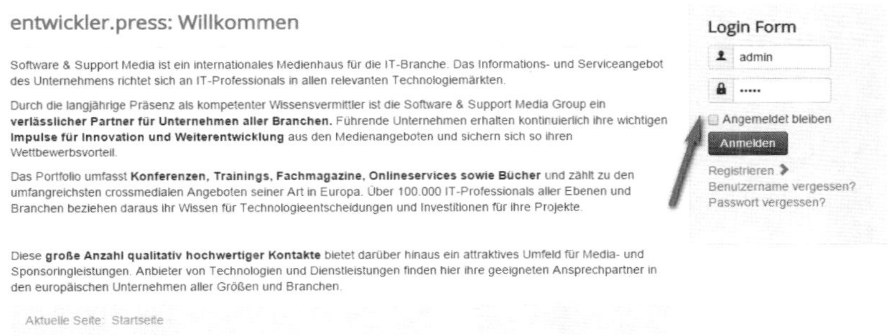

Abbildung 5.2: Dieses Modul soll angepasst werden

Interessant ist an dieser Stelle das Log-in-Modul, das in der rechten Template-Spalte angezeigt wird. Die Ausgabe dieses Moduls soll nun überschrieben werden. Im aktuellen Beispiel soll der Link *Passwort vergessen?* gelöscht werden. Die folgenden Schritte können Sie anschließend auf jedes Joomla!-Modul anwenden, um so die Ausgabe umzuschreiben. Öffnen Sie das *modules*-Verzeichnis, das auf der obersten Ebene des Joomla!-Verzeichnisses liegt.

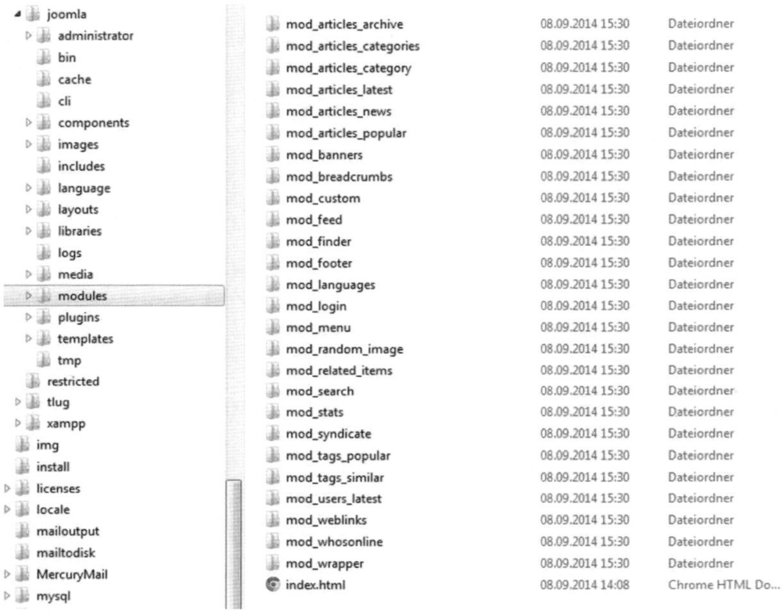

Abbildung 5.3: Das Verzeichnis wurde geöffnet

In diesem Verzeichnis ist für jedes Modul ein eigenes Verzeichnis enthalten. Im Fall des Log-in-Moduls heißt es *mod_login*. Die Verzeichnisnamen sind logisch vergeben, sodass man immer schnell herausfindet, welches das passende Verzeichnis ist.

Öffnen Sie nun das *html*-Verzeichnis Ihres Templates. Legen Sie darin ein neues Verzeichnis an, das den Namen des Moduls erhält. Im aktuellen Beispiel muss dieses Verzeichnis also *mod_login* heißen. Achten Sie unbedingt darauf, dass dieses Verzeichnis exakt wie das Modulverzeichnis heißt.

Abbildung 5.4: Darin sind die Moduldateien hinterlegt

Wechseln Sie nun in das Verzeichnis *modules/mod_login/tmpl* und kopieren Sie die beiden Dateien *index.html* und *default.php* in das *mod_login*-Verzeichnis, das Sie im *html*-Verzeichnis Ihres Templates angelegt haben.

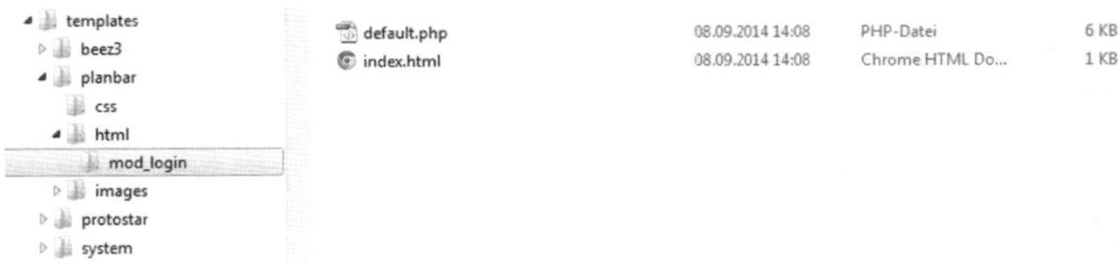

Abbildung 5.5: So sollte die Verzeichnisstruktur aussehen

Die *index.html* besitzt wieder lediglich die Funktion, zu verhindern, dass direkt auf das Verzeichnis zugegriffen wird. Das Anpassen der Modulausgabe geschieht in der *default.php*.

Öffnen Sie diese Datei und suchen Sie nach der Passage, die geändert werden soll. Im Fall des Links *Passwort vergessen*? beginnt diese in Zeile 109. Löschen Sie die folgenden Zeilen aus der *default.php*:

```
<li>
<a href="<?php echo JRoute::_('index.php?option=com_
users&view=reset&Itemid=' . UsersHelperRoute::
                                    getResetRoute()); ?>">
<?php echo JText::_('MOD_LOGIN_FORGOT_YOUR_PASSWORD'); ?>
                                                       </a>
</li>
```

Wenn nach dem Speichern der Datei das Frontend aufgerufen wird, ist der Link weg.

Abbildung 5.6: Der Link ist verschwunden

Das gilt jedoch nur in dem Template, in dem die Änderungen im *html*-Verzeichnis vorgenommen wurden. Bei den anderen Templates wird das Log-in-Modul unverändert angezeigt.

5.2 Die Komponentenausgabe überschreiben

Auch die Ausgabe der Komponenten lässt sich überschreiben. Das funktioniert ähnlich wie bei den Modulen und soll hier wieder anhand eines Beispiels gezeigt werden.

Wenn man im Backend einen Menüpunkt erstellt, stehen verschiedene Ansichten zur Verfügung.

Abbildung 5.7: Zahlreiche Eintragstypen werden angeboten

Im Fall der Inhaltskomponente *com_content* sind das die folgenden:

- *Alle Kategorien auflisten*
- *Archivierte Beiträge*
- *Beitrag erstellen*
- *Einzelner Beitrag*
- *Haupteinträge*

- *Kategorieblog*
- *Kategorieliste*

Diese Aufteilung wird auch deutlich, wenn man einen Blick in das Verzeichnis *components/com_content/views* wirft.

Abbildung 5.8: Darin sind alle Views enthalten

Innerhalb des *views*-Verzeichnisses ist für jede Ansicht ein eigenes Unterverzeichnis enthalten. Um die Overrides zu verstehen, muss man die Struktur von Komponenten kennen. Das gilt umso mehr, da in einer Komponente viele Teile enthalten sind, die verschiedene Verantwortungen und Rollen haben.

Bei Komponenten ist es in der Tat so, dass diverse Views bzw. Ansichten enthalten sein können. So findet man im *com_content*-Verzeichnis sehr oft mehrere Views. Hier sehen Sie ein Beispiel für die Struktur zweier in einem *com_content*-Verzeichnis definierter Views:

/components

  /com_content

    /views

      /article

      /category

      ...

Innerhalb von *com_content* sind also offensichtlich unter anderem die beiden Views *article* und *category* enthalten. Wie die Views letztendlich aussehen, ist jeweils in den *tmpl*-Verzeichnissen festgelegt. Für *article* finden Sie die verantwortliche *default.php* also hier:

components/com_content/views/article/tmpl/default.php

Jetzt stellt sich natürlich die Frage, wie man eigentlich herausfindet, welches View-Verzeichnis für die Anzeige verantwortlich ist, die man ändern will. Deaktivieren Sie dazu am besten unter SYSTEM | KONFIGURATION die suchmaschinenfreundlichen URLs.

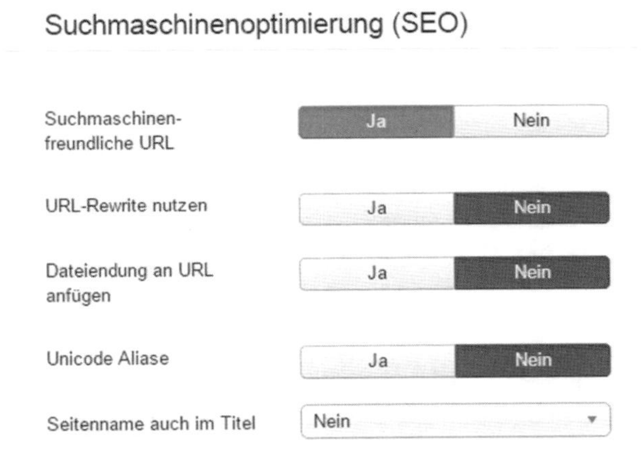

Abbildung 5.9: Die suchmaschinenfreundlichen URLs wurden aktiviert

Wenn Sie nun die zu ändernde Seite im Frontend aufrufen, sollte der URL in etwa folgendermaßen aussehen:

http://localhost/joomla/index.php?option=com_content&view=article&id=50:upgraders&catid=19&Itemid=260

Innerhalb dieses URLs ist sehr schön zu erkennen, dass es sich um eine Komponente vom Typ *com_content* handelt. Zusätzlich ist die verwendete View *article* zu sehen. Wie die Komponentenausgabe überschrieben wird, lässt sich am besten wieder anhand eines praktischen Beispiels verdeutlichen.

entwickler.press: Willkommen

Software & Support Media ist ein internationales Medienhaus für die IT-Branche. Das Informations- und Serviceangebot des Unternehmens richtet sich an IT-Professionals in allen relevanten Technologiemärkten.

Durch die langjährige Präsenz als kompetenter Wissensvermittler ist die Software & Support Media Group ein **verlässlicher Partner für Unternehmen aller Branchen.** Führende Unternehmen erhalten kontinuierlich ihre wichtigen **Impulse für Innovation und Weiterentwicklung** aus den Medienangeboten und sichern sich so ihren Wettbewerbsvorteil.

Das Portfolio umfasst **Konferenzen, Trainings, Fachmagazine, Onlineservices sowie Bücher** und zählt zu den umfangreichsten crossmedialen Angeboten seiner Art in Europa. Über 100.000 IT-Professionals aller Ebenen und Branchen beziehen daraus ihr Wissen für Technologieentscheidungen und Investitionen für ihre Projekte.

Abbildung 5.10: Diese Ausgabe soll angepasst werden

Standardmäßig werden die Artikelüberschriften als Elemente vom Typ *h2* ausgegeben. Der im Frontend generierte Quellcode sieht also folgendermaßen aus:

```
<div class="page-header">
<h2 itemprop="name"> <a href="/joomla/" itemprop="url">
                      entwickler.press: Willkommen</a> </h2>
</div>
```

Diese Standardausgabe soll verändert werden. Anstelle des *h2*- soll das *h1*-Element für die Überschriftenauszeichnung herhalten. Öffnen Sie dazu das *html*-Verzeichnis Ihres Templates und legen Sie darin das Verzeichnis *com_content* an. Der Verzeichnisname muss dabei exakt dem Verzeichnisnamen der Komponente entsprechen, deren Inhalt überschrieben werden soll.

Innerhalb des neuen *com_content*-Verzeichnisses legen Sie ein Verzeichnis an, das exakt den Namen der zu ändernden View trägt, im aktuellen Beispiel also *article*. Öffnen Sie nun das Verzeichnis *components/com_* *content/views/article/tmpl* und kopieren Sie die beiden Dateien *default.php* und *index.html* in das *article*-Verzeichnis Ihres Templates.

Öffnen Sie die *default.php* in einem Editor und suchen Sie nach der zu ändernden Passage. Im aktuellen Beispiel reicht diese von Zeile 45 bis 54.

```
<div class="page-header">
<h2 itemprop="name">
<?php if ($params->get('show_title')) : ?>
<?php if ($params->get('link_titles') &&
                    !empty($this->item->readmore_link)) : ?>
<a href="<?php echo $this->item->readmore_link; ?>"
     itemprop="url"> <?php echo $this->escape($this->item->
                                                   title); ?></a>
<?php else : ?>
<?php echo $this->escape($this->item->title); ?>
<?php endif; ?>
<?php endif; ?>
</h2>
```

Ändern Sie das öffnende und schließende *h2* jeweils in *h1* um.

```
<div class="page-header">
<h1 itemprop="name">
<?php if ($params->get('show_title')) : ?>
<?php if ($params->get('link_titles') &&
                    !empty($this->item->readmore_link)) : ?>
<a href="<?php echo $this->item->readmore_link; ?>"
     itemprop="url"> <?php echo $this->escape($this->item->
                                                   title); ?></a>
<?php else : ?>
<?php echo $this->escape($this->item->title); ?>
<?php endif; ?>
<?php endif; ?>
</h1>
```

Wenn Sie sich nach dem Speichern der *default.php* den im Frontend generierten Quellcode ansehen, werden Sie feststellen, dass die Artikel jetzt tatsächlich mit einer Überschrift erster Ordnung – also mit dem *h1*-Element – ausgegeben werden.

5.3 Eine Ansicht für unterschiedliche Ausgaben

Normalerweise genügt für eine Ansicht ein Override. Allerdings bietet Joomla! auch die Möglichkeit, mehrere Overrides für eine Ansicht zu definieren. So kann man beispielsweise für bestimmte Artikel eigene Views definieren. Das Kernstück bildet dabei das Feld *Alternatives Layout* im Register Optionen, das sichtbar ist, wenn man einen Beitrag anlegt bzw. bearbeitet.

Dieses können Sie sich beispielsweise anzeigen lassen, wenn Sie unter Inhalt | Beiträge auf den Namen eines Artikels klicken und in das genannte Register wechseln.

Abbildung 5.11: Hier lassen sich alternative Layouts anlegen

Über dieses Feld können Sie zwischen verschiedenen Darstellungen wählen. Damit das funktioniert, müssen allerdings zunächst unterschiedliche Darstellungen für eine View definiert werden. Wie sich so etwas umsetzen lässt, wird erneut mit einem Beispiel demonstriert.

Angenommen, Sie möchten für die Anzeige der Artikel unterschiedliche Darstellungen definieren. Zentrale Anlaufstelle für die Artikelanzeige ist das Verzeichnis *ihr_template/html/com_content/article.*

Darin liegt momentan lediglich die *default.php*. Legen Sie im selben Verzeichnis eine Kopie dieser Datei unter einem anderen Namen an. Haben Sie die Datei beispielsweise *werbung.php* genannt, wird Ihnen diese im Feld *Alternatives Layout* angezeigt.

Abbildung 5.12: Hierüber lassen sich alternative Layouts einstellen

Die *werbung.php* können Sie nun ganz nach Ihren Erfordernissen gestalten und bei den gewünschten Artikeln auswählen. Das gezeigte Prinzip funktioniert übrigens nicht nur bei Artikeln, sondern lässt sich beispielsweise auch auf Kategorien, Komponenten und Module anwenden.

6 Joomla!, Bootstrap und die Template-Installation

Ihr Template sollte an dieser Stelle bereits fast fertig sein. Bevor am Ende dieses Kapitels gezeigt wird, wie Sie das Template packen und installieren können, zunächst noch ein Blick auf das in Joomla! integrierte Bootstrap-Framework.

6.1 Bootstrap in Joomla!

Ein Aspekt, der bei der Arbeit mit Joomla!-Templates in Version 3.0 gerne übersehen wird, ist Bootstrap. Was aber verbirgt sich eigentlich hinter diesem Namen? Bootstrap ist ein so genanntes Framework für die Gestaltung von Webseiten. Das klingt zugegebenermaßen etwas abstrakt, hat aber einen ganz praktischen Nutzen. Denn das Framework bringt vordefinierte Stilelemente wie beispielsweise für Formulare, Tabellen, Listen und Navigationselemente mit. Außerdem ist ein Grid-System enthalten. Und dieses Grid-System ist einer der größten Vorteile von Bootstrap. Denn darüber können die Spalten der Webseite äußerst flexibel gestaltet werden. Zudem unterstützt Bootstrap seit Version 2.0 Responsive Designs. Das bedeutet, dass der Aufbau der Seite jeweils in Abhängigkeit vom Endgerät generiert wird, auf dem die Webseite angezeigt wird.

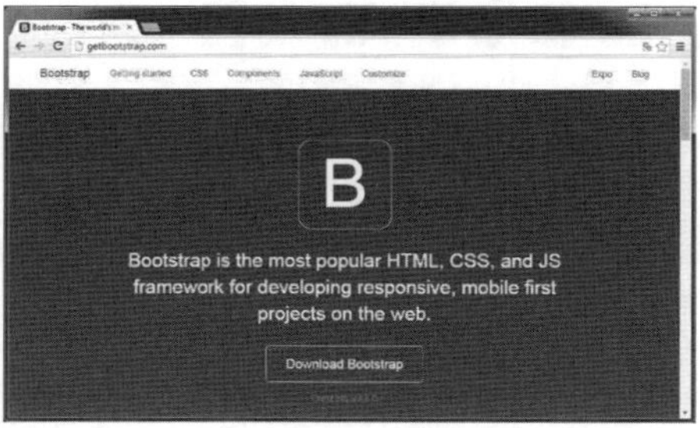

Abbildung 6.1: Das ist die normale Desktopansicht

Auf einem Desktop-PC wird die Seite also anders angezeigt als auf einem iPhone.

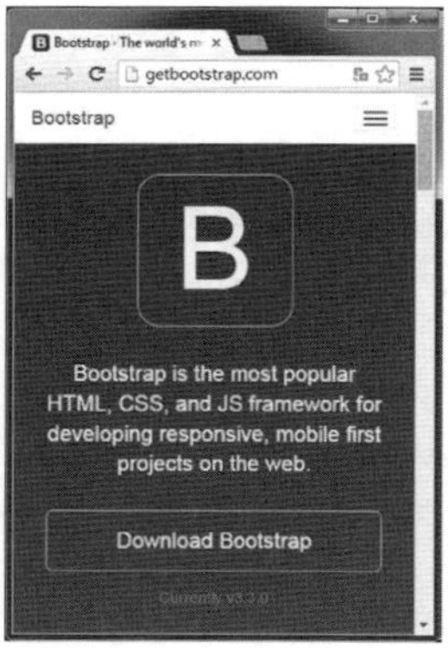

Abbildung 6.2: So sieht die Seite auf dem iPhone aus

Joomla! bringt Bootstrap direkt mit. So können Sie das Framework (fast) ohne Umwege in Ihren Templates nutzen. Bevor gezeigt wird, wie sich das umsetzen lässt, werffen wir zunächst einen Blick auf die Vorteile von CSS-Frameworks wie Bootstrap:

- Die Umsetzung von Layouts ist deutlich schneller möglich.
- Frameworks bringen wichtige Elemente wie Boxen, Schaltflächen usw. direkt mit.
- Kompatibilitätsprobleme gehören der Vergangenheit an.
- Es werden moderne Techniken wie CSS3 und HTML5 genutzt.

Wie sich Bootstrap innerhalb eines Joomla!-Templates nutzen lässt, kann man sehr schön anhand eines mit Joomla! ausgelieferten Standard-Templates beobachten. Joomla! hat das Template Protostar mit an Bord. Bis zu einer gewissen Bildschirm- bzw. Fenstergröße wird das Template „normal" angezeigt.

Abbildung 6.3: Das ist die normale Ansicht

Ruft man die Webseite nun aber in einem kleineren Fenster oder mit einem Smartphone/Tablet auf, passt sich das Layout der Seite automatisch an.

Abbildung 6.4: Die Navigation wurde verschoben

Das ist natürlich ein riesiger Vorteil im Vergleich zu starren Designs, bei denen man im schlimmsten Fall horizontal scrollen müsste, um den gesamten Inhalt sehen zu können.

Wie Frameworks Ihnen bei der täglichen Arbeit helfen können, zeigt das folgende Beispiel:

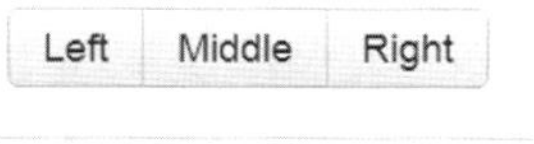

Abbildung 6.5: Um diese Schaltflächen geht es

Das sind ansprechende Schaltflächen. Wollte man diese auf herkömmliche Weise definieren, müsste man zumindest fortgeschrittene CSS-Kenntnisse besitzen. Bei Bootstrap lassen sich solche Anwendungen ganz einfach umsetzen. Dort muss man lediglich den HTML-Elementen eine entsprechende Klasse zuweisen:

```
<div class="btn-group">
   <button class="btn">Left</button>
   <button class="btn">Middle</button>
   <button class="btn">Right</button>
</div>
```

Auf ähnliche Weise lassen sich dann Warn- bzw. allgemeine Hinweise ausgeben.

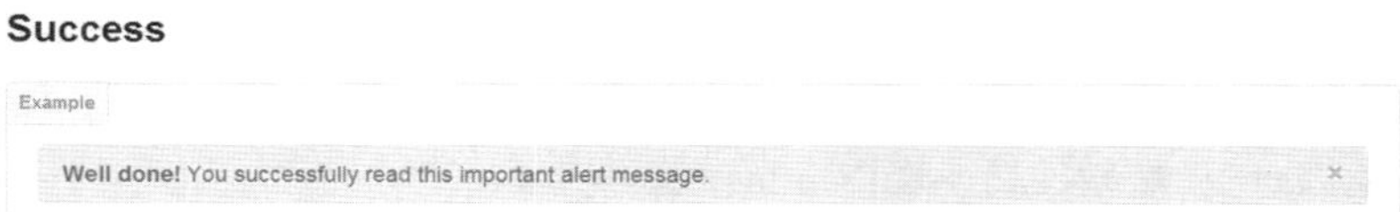

Abbildung 6.6: Das kennen Sie so auch vom Joomla!-Backend

Auch so etwas ist sehr leicht umsetzbar:

```
<div class="alert alert-success">
 Well done! You successfully read this important alert
 message.
</div>
```

Diese beiden kleinen Beispiele haben gezeigt, wie Bootstrap Ihnen Arbeit bei der Ausgabe und Gestaltung von HTML-Elementen abnehmen kann.

Nun kann und soll es an dieser Stelle natürlich keine Einführung in Bootstrap geben. Das würde schlichtweg den Rahmen dieses Buchs sprengen. Ausführliche Informationen zu Bootstrap erhalten Sie aber beispielsweise auf der Seite *http://getbootstrap.com/2.3.2/getting-started.html*.

An dieser Stelle geht es vielmehr darum, wie man Bootstrap in seinen eigenen Joomla!-Templates einsetzt.

Die gute Nachricht vorweg: Bootstrap ist mittlerweile Bestandteil von Joomla! – das bedeutet, Sie können das Framework direkt nutzen. Einzige Voraussetzung: Die Frameworkdateien müssen geladen werden. Dazu fügen Sie in Ihr Template Folgendes ein:

```
JHtml::_('bootstrap.framework');
```

Üblicherweise fügt man diesen Aufruf oberhalb der *Doctype*-Angabe ein.

Ein anschließender Blick in den Quellcode im Frontend sollte u. a. die folgenden Zeilen liefern:

```
<script src="/joomla/media/jui/js/bootstrap.min.js"
                              type="text/javascript"></script>
```

Damit steht das Framework prinzipiell zur Verfügung. Geladen werden müssen allerdings auch noch einige weitere Dateien. Fügen Sie oberhalb der *Doctype*-Anweisung Folgendes ein:

```
$doc = JFactory::getDocument();
$doc->addStyleSheet($this->baseurl . '/media/jui/css/
bootstrap.min.css');
```

Dadurch wird die notwendige Boostrap-CSS-Datei geladen, die fester Bestandteil von Joomla! ist und im Verzeichnis */media/jui/css/* liegt. Anschließend kann das Framework verwendet werden.

6.2 Das Template packen und installieren

Ist das Template einmal erstellt, kann es installiert werden. Damit ein Template über das Backend installiert werden kann, muss man daraus ein Zip-Archiv machen. Klicken Sie unter Windows das Template-Verzeichnis (z. B. *planbar*) mit der rechten Maustaste an und wählen Sie SENDEN AN | ZIP-KOMPRIMIERTER ORDNER.

Auch am Mac lassen sich natürlich Zip-Archive erstellen. Um hier einen Ordner zu komprimieren, klicken Sie mit der rechten Maustaste auf den Ordnernamen und wählen *„Ordnername" komprimieren*. Je nach Größe des Ordners kann es einen Moment dauern, bis das Archiv gepackt ist. Wer unter Linux arbeitet, kann dort das *zip*-Kommando verwenden.

Nachdem das Archiv erstellt wurde, rufen Sie im Backend ERWEITERUNGEN | ERWEITERUNGEN auf. Wechseln Sie dort ins Register PAKETDATEI HOCHLADEN.

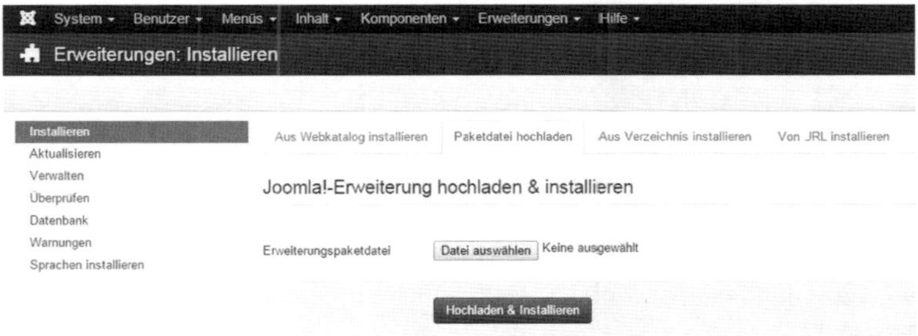

Abbildung 6.7: Hier kann man das Template installieren

Jetzt muss nur noch über DATEI AUSWÄHLEN das Template-Archiv ausgewählt und mit HOCHLADEN & INSTALLIEREN auf den Server geladen werden.

Abbildung 6.8: Das Template wurde erfolgreich installiert

Die Meldung zeigt, dass die Installation erfolgreich war. Wenn Sie ERWEITERUNGEN | TEMPLATES aufrufen und ins Register TEMPLATES wechseln, ist dort das neue Template zu sehen.

Abbildung 6.9: Auch die Vorschaugrafik wird nun angezeigt

Jetzt sollten Sie, wenn Sie mit dem Template standardmäßig arbeiten wollen, im *Stile*-Register das Kontrollkästchen aktivieren, das vor dem Stilnamen steht, und in der Werkzeugleiste auf STANDARD klicken.

Abbildung 6.10: Der Stil wurde als Standard festgelegt

Stichwortverzeichnis

Symbole

A

B

C

D

E